电力企业承包商
安健环管理

本书编写组 编

中国电力出版社
CHINA ELECTRIC POWER PRESS

内 容 提 要

为履行电力企业安健环主体责任，做好承包商安健环管理，实现安全、健康、环保目标，我们组织从事承包商管理的专业人员，共用编写了这本《电力企业承包商安健环管理》，系统阐述了承包商安健环管理的内容。本书分为六章，分别是承包商安健环管理概述、招标阶段的承包商安健环管理、入厂阶段的承包商安健环管理、作业阶段的承包商安健环管理、车辆和临时人员进出管理、离厂阶段的承包商安健环管理。

本书可为电力企业从事安健环管理、工程项目管理的工作人员提供参考，承包商企业管理人员亦可参考阅读。

图书在版编目（CIP）数据

电力企业承包商安健环管理／《电力企业承包商安健环管理》编写组编 . —北京：中国电力出版社，2018.10

ISBN 978-7-5198-2512-6

Ⅰ.①电… Ⅱ.①电… Ⅲ.①电力工业—承包—工业 Ⅳ.① F407.616

中国版本图书馆 CIP 数据核字（2018）第 232080 号

出版发行：中国电力出版社

地　　址：北京市东城区北京站西街 19 号（邮政编码 100005）

网　　址：http://www.cepp.sgcc.com.cn

责任编辑：徐　超（010-63412386）

责任校对：朱丽芳

装帧设计：郝晓燕　张俊霞

责任印制：吴　迪

印　　刷：三河市万龙印装有限公司

版　　次：2018 年 10 月第一版

印　　次：2018 年 10 月北京第一次印刷

开　　本：880 毫米 × 1230 毫米 32 开本

印　　张：7.25

字　　数：176 千字

印　　数：0001—2000 册

定　　价：29.80 元

本书编委会

主　　编	李　义
副主编	刘　健　　陈超虎　　张　　峰
编写人员	张　宇　　徐　蕾　　李　京
	郭宏伟　　蔡承志　　王　松
	徐来彬　　徐吉岭　　姜　涛
	张　宁
编审人员	杜长明　　单敬爱　　王邱艳
	王永乐　　张井雷

伴随着国民经济的蓬勃发展，电力工业增长迅速。同时，节能减排成为电力行业建设和发展的最强音，煤电超低排放和节能改造开启提速扩围突击战。目前，电力企业将部分运行维护和检修工作外包，一些基建和技改工程主要由承包商完成。承包商从事的作业风险高，素质也参差不齐。据国家能源局统计，2014年~2017年电力安全人身伤亡事故中，承包商人身伤亡事故数量占总事故数量的70%，死亡人数占总人数的80%。如何依法依规做好承包商安健环管理，提升安健环绩效，各级电力企业都进行了有益的实践，制订管理标准，探索管理方法，并开展了一系列卓有成效的工作。

华润集团作为国有重点骨干企业，将安健环作为公司发展的重要准则，提倡"以人为本"，追求"高境界、高标准"，贯彻"行为有规、监测有窗、检查有效、控制有力、奖罚有度"的工作方法，各利润中心结合自身生产经营特点，一直在探索承包商管理有效手段。徐州华润电力有限公司作为华润电力旗下最早、最大的火力发电企业，在推进卓越运营、标准化、NOSA五星体系等管理主题过程中，深化融合、不断实践，形成了以法律法规为依据，以控制风险为基础，全员参与，全过程管控的承包商管理体系，并取得了良好的安健环业绩。

《电力企业承包商安健环管理》是徐州华润电力有限公司多年承包商管理经验的系统总结，以承包商管理过程为主线，阐述了项目管理各阶段的法律法规要点、管理方法、技术措施和注意事项，具有较强的指导作用和参考价值。

安健环管理是过程控制，只有起点，没有终点。电力企业对承包商的管理更是一项长期的、艰巨的系统工程。希望本书的出版，能够为电力同行提供有益的帮助和借鉴。

王　敬

近年来，随着我国电力工业的快速发展，电力企业安全生产管理模式也发生了深刻变化，电力企业的运行、维护、检修、技改等各项工作基本市场化，相关承包商的安全、健康、环保管理工作也成为电力企业的重点工作。承包商管理职责不清、管理方法较少，导致外包项目安健环管理薄弱，人身伤亡事故时有发生。如何履行电力企业安健环管理的主体责任，进一步探索和实践承包商安健环管理模式是当前一项非常紧迫的工作。

电力企业从建设到运营，都要由各类承包商提供工程、供货等服务。其中，发电企业的 70% 工作由承包商完成，而且承包商的员工数量也占到厂内劳动者数量的 70%。大量的业务外包虽然降低了运营成本，但因承包商从事工作风险性较高，员工素质相对较低也给企业带来了安全生产的压力。2014 年 ~2017 年的电力安全人身伤亡事故中，承包商人身伤亡事故数量占总事故数量的 70%，死亡人数占总人数的 80%。如何履行电力企业安健环的主体责任，做好承包商安健环管理，实现安全、健康、环保目标，是摆在电力企业面前的新课题。

本书从法律法规的解读入手，结合华润电力控股有限公司近年来承包商一体化管理经验，系统阐述了全过程的承包商一体化管理要求、管理流程和实施办法，对各生产经营单位的承包商安健环管理有借鉴的意义。

本书由徐州华润电力有限公司组织编写，编写人员全部来自安全保障体系和安全监督体系一线，其中注册安全工程师 7 人、二级安全评价师 1 人。本书第一章由徐蕾编写，第二章由张宇、李京编写，第三章由张宇、郭宏伟、蔡承志编写，第四章由徐来彬、徐吉岭、王松编写，第五章由姜涛编写，第六章由郭宏伟编写，职业健康、环境保护部分由张宁编写。全书由张宇组稿。

徐州华润电力有限公司在推进承包商一体化管理过程中，得到了华润集团、华润电力控股有限公司、江苏大区、诺诚企业顾问（深圳）有限公司的领导和专家的悉心指导，本书的编著得到了中国电力出版社、江苏省企业联合会、江苏省电力行业协会的领导和编辑的指导和帮助，借此出版之际深表诚挚感谢。

由于时间仓促，编者水平有限，法律法规标准不断更新，书中难免有不妥之处，敬请广大读者不吝赐教。

编者

2018 年 9 月

目录

电力企业承包商安健环管理

序

前言

第一章　承包商安健环管理概述

第一节　承包商安健环管理的重要性

安全生产是关系人民群众生命财产安全的大事，是经济社会协调健康发展的标志，是党和政府对人民利益高度负责的要求。党中央、国务院历来高度重视安全生产工作，党的十八大以来做出一系列重大决策部署，推动全国安全生产工作取得积极进展。《中共中央国务院关于推进安全生产领域改革发展的意见》中指出：牢固树立新发展理念，坚持安全发展，坚守发展决不能以牺牲安全为代价这条不可逾越的红线，以防范遏制重特大生产安全事故为重点，坚持安全第一、预防为主、综合治理的方针，加强领导、改革创新、协调联动、齐抓共管，着力强化企业安全生产主体责任，着力堵塞监督管理漏洞，着力解决不遵守法律法规的问题，依靠严密的责任体系、严格的法治措施、有效的体制机制、有力的基础保障和完善的系统治理，切实增强安全防范治理能力，大力提升我国安全生产整体水平，确保人民群众安康幸福、共享改革发展和社会文明进步成果。

2002年12月，国务院下发了《电力体制改革方案》，提出了"厂网分开、主辅分离、输配分开、竞价上网"的16字方针并规划了改革路径。为适应电力体制改革，电力企业管理模式的不断发展，设备检修、运行和维护越来越市场化，电力企业外委工程逐渐增多。大量的业务外包虽然降低了运营成本，但也带来安全生产压力。近年来的电力安全人身伤亡事故中，承包商责任的事故占到相当大的比例。如图 1-1 和图 1-2 所示，据不完全统计 2014 年 ~2017 年电力安全人身伤亡事故中，承包商人身伤亡事故数占总事故数的 68%~77%，死亡人数占总人数的 77%~84%，暴露出"项目部管理不力""现场施工管理混乱"等问题。承包商管理既是企业生产经营管理的重要部分，也是企业安全管理中的棘手难题。如何做好承包商管理，实现安全、健康、环保目标，是摆在电力企业面前的重要课题。

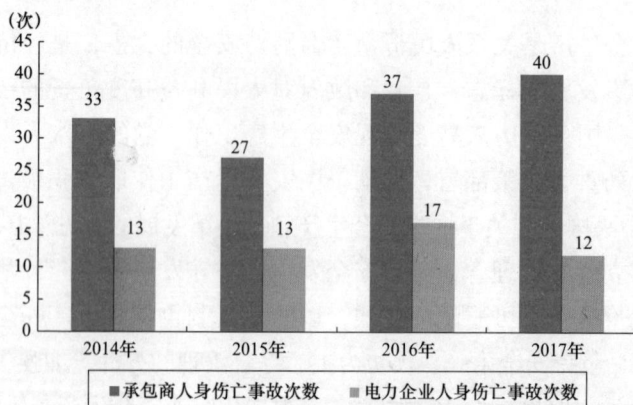

图 1-1　2014 年 ~2017 年电力企业和承包商人身伤亡事故次数统计

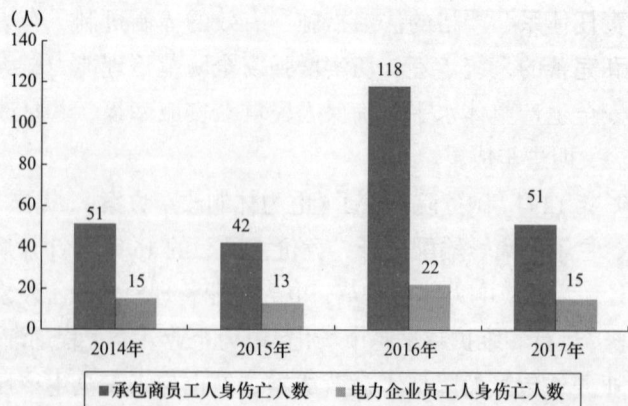

图 1-2　2014 年 ~2017 年电力企业和承包商人身伤亡人数统计

承包商安健环管理目前主要存在以下四个方面的问题：

一是工期问题。部分企业为了抢工期，无视管理规律，无限制压缩工期，在施工质量和安全等方面埋下了隐患。

二是费用成本问题。"低价中标"已成为一些企业选择承包商的主要标准，甚至唯一标准，但是低价策略往往伴随一系列的安全问题。

三是人员问题。承包商用工不固定、可选范围窄，人员流动性大、知识水平低。随着电力生产需求的不断增加，承包商人员的风险意识的提高不能同步；项目管理人员人力、资源、配置参差不齐，没有将承包商人员作为班组的一个组成部分，没有融为一体，导致管理缺失。在施工、检修、技改等特殊时期，问题尤为突显。

四是管理问题。承包商管理是个系统工程，任何一个环节的缺失或者管理不力，都可能让施工过程中的风险增加，进而引发事故。大部分企业误将现场施工安全管理看作承包商管理的全部，缺乏系统性的管理思路、方法和手段。

承包商管理是企业生产经营活动的重要组成部分，承包商提供的服务众多、专业繁杂。既涉及专业管理，又涉及质量验收、工程量验收、商务、合同、保卫等诸多职能和环节。国家对承包商的管理有明确的法律法规要求：

《安全生产法》第四十六条规定：生产经营单位不得将生产经营项目、场所、设备发包或者出租给不具备安全生产条件或者相应资质的单位或个人。生产经营项目、场所发包或者出租给其他单位的，生产经营单位应当与承包单位、承租单位签订专门的安全生产管理协议，或者在承包合同、租赁合同中约定各自的安全生产管理职责；生产经营单位对承包单位、承租单位的安全生产工作统一协调、管理，定期进行安全检查，发现安全问题的，应当及时督促整改。

《电力建设工程施工安全监督管理办法》第六条规定：建设单位对电力建设工程施工安全负全面管理责任。要建立健全安全生产组织和管理机制，负责电力建设工程安全生产组织、协调、监督职责；建立健全安全生产监督检查和隐患排查治理机制，实施施工现场全过程安全生产管理；建立健全安全生产应急响应和事故处置机制，实施突发事件应急抢险和事故救援。

《国家发展改革委 国家能源局关于推进电力安全生产领域改革发展的实施意见》中指出：（三十三）规范招投标管理和发承包管理。建设单位要明确勘察、设计、施工、物资材料和设备采购等环节招投标文件及合同的安全和质量约定，严格审查招投标过程中有关国家强制性标准的实质性响应，招标投标确定的中标价格要体现合理造价要求，防止造价过低带来安全质量问题。加强工程发包管理，将承包单位纳入工程安全管理体系，严禁以包代管。加强参建单位资质和人员资格审查，严厉查处租借资质、违规挂靠、弄虚作假等各类违法违规行为。

目前，承包商管理已经成为制约企业进一步发展的瓶颈，为解决承包商管理难题，减少安全生产过程中三违现象的发生，最大限度地减少甚至避免安全事故的发生，必须创新管理方法，将承包商难题纳入企业一体化管理体系，统一管理、统一标准、统一要求。通过科学绩效评价，完善承包商队伍准入和考核机制，奖优罚劣；强化责任部门的监管职能，提升承包商的管理水平，从而培育忠诚度高、员工素质好的承包商队伍，逐步形成业主与承包商长期友好合作的共同利益链，真正体现"以人为本、安全发展"的宗旨，实现企业安全、社会稳定和承包商发展的和谐统一。

第二节 承包商一体化管理体系

一、体系构建

在承包商一体化管理体系的构建中，徐州华润电力有限公司以"行为有规、监测有窗、检查有效、控制有力、奖罚有度"的"五有"原则为核心，牢固树立"一家人"思想，将承包商一体化管理作为企业管理的一项重要内容，从事前、事中、事后各环节对承包商进行管控，构建了以"安全、健康、环保"为目标的"统一组织体系、统一入厂规范、统一现场管控、统一平台管理、统一培训文化、统一评价考核"六位一体的一体化管理体系。该体系坚持以安健环为基础，全面落实安全生产责任制，严抓入厂和现场管控；通过互联网＋安全生产信息化平台建设，不断创新安健环管理；通过文化引领，开展多样化的教育培训活动，不断提高人员安健环技能水平和责任意识；通过绩效评价和考核激励，不断提升承包商管理水平和工作积极性。徐州华润电力有限公司"以安全、健康、环保为目标的承包商一体化管理"在 2017 年 12 月荣获第二十四届江苏省企业管理现代化创新成果一等奖。

二、实施效果

经过几年的承包商一体化管理体系实施，徐州华润电力有限公司各承包商从开始的不适应，到主动对接要求，自身管控能力不断进步。承包商有效开展日常的 5S 活动，让检修现场、班组面貌焕然一新。通过各类培训、整改活动，承包商员工职业素养明显提升，设备健康水平得到了有效保证。检修和技改项目的承包商在入厂作业后，对照长维承包商的样板，快速适应，相较以往的管理水平有了长足的进步。一体化管理体系的实施，消除了"以包代管"的现象，项目部之间、班组之间形成了良好的竞争局面，公司在安健环管理、设备管理、精益管理等方面均取得了进步，设备消缺率、消缺及时率得到大幅提升。承包商注重维护诚信档案，也从适应高标准严要求的管理中，体会到管理提升的益处，形成了与业主的良好互动。

业主与承包商的关系以由"上下级"间"以罚为主"转变为以"引导、帮扶为主要手段"，以"预防为主、惩罚为辅为主要目的"，以"一体化管理为主要思想"，实现了承包商管控理念的质变提升。近年来接受承包商一体化管理的人员约1.4万人次，对承包商管理满意率持续提升。

第二章　招标阶段的承包商安健环管理

第一节　招标前的准备工作

"凡事预则立，不预则废""宜未雨而绸缪，毋临渴而掘井"，《安全生产法》《职业病防治法》《环境保护法》等安健环相关的法律阐述的工作方针、工作原则中均强调"预防为主"，只有提前做好准备，才能降低事故发生的概率，减少事故造成的损失。

《电力建设工程施工安全监督管理办法》第七条规定：在招标文件中对投标单位的资质、安全生产条件、安全生产费用使用、安全生产保障措施等提出明确要求。

招标阶段的承包商安健环管理，可在不违反《招标投标法》的前提下，设置合理的条件，适当的提高投标门槛，选择安健环业绩优秀、自主管理能力强的承包商。这样的承包商在作业阶段不仅能实现安健环目标，也能控制好质量、进度、费用。作为业主方的电力企业就会比较轻松，将更多的精力投入到质量管理上。相反，低门槛、低价中标的承包商，在作业阶段形成"以包代管"模式——承包商"包"项目，业主方代为"管理"。电力企业为了履行全面管理责任，严防死守，越俎代庖，管到承包商每一个人、每一个作业面。这样的工程项目不仅质量无法保证，进度更是无法保障。

《建设工程安全生产管理条例》第八条规定：建设单位在编制工程概算时，应当确定建设工程安全作业环境及安全施工措施所需费用。

在招标前的立项阶段，电力企业应组织本单位技术及安全管理人员对项目进行风险预评估工作，对项目规模和需要的人员、安全生产费用、安全生产保障措施进行估算，为编制招标文件的安健环要求提供依据。

《招标投标法》第十九条规定：招标人应当根据招标项目的特点和需要编制招标文件。招标文件应当包括招标项目的技术要求、对投标人资格审查的标准、投标报价要求和评标标准等所有实质性要求和条件以及拟签订合同的主要条款。

国家对招标项目的技术、标准有规定的，招标人应当按照其规定在招标文件中提出相应要求。

第二十七条规定：投标人应当按照招标文件的要求编制投标文件。投标文件应当对招标文件提出的实质性要求和条件作出响应。

招标项目属于建设施工的，投标文件的内容应当包括拟派出的项目负责人与主要技术人员的简历、业绩和拟用于完成招标项目的机械设备等。

招标文件的安健环要求主要从以下几个方面提出要求：单位资质与业绩，组织机构与人员的投入，保障安健环的物质投入，安全生产费用的投入。

第二节　承包商的单位资质与业绩

《安全生产法》第四十六条第一款规定：生产经营单位不得将生产经营项目、场所、设备发包或者出租给不具备安全生产条件或者相应资质的单位或者个人。

第一百条第一款规定：生产经营单位将生产经营项目、场所、设备发包或者出租给不具备安全生产条件或者相应资质的单位或者个人的，责令限期改正，没收违法所得；违法所得十万元以上的，并处违法所得二倍以上五倍以下的罚款；没有违法所得或者违法所得不足十万元的，单处或者并处十万元以上二十万元以下的罚款；对其直接负责的主管人员和其他直接责任人员处一万元以上二万元以下的罚款；导致发生生产安全事故给他人造成损害的，与承包方、承租方承担连带赔偿责任。

《招标投标法》第十八条第一款规定： 招标人可以根据招标项目本身的要求，在招标公告或者投标邀请书中，要求潜在投标人提供有关资质证明文件和业绩情况，并对潜在投标人进行资格审查；国家对投标人的资格条件有规定的，依照其规定。

第二十六条规定： 投标人应当具备承担招标项目的能力；国家有关规定对投标人资格条件或者招标文件对投标人资格条件有规定的，投标人应当具备规定的资格条件。

电力企业必须根据项目的性质、规模，在招标文件中明确承包商的单位资质，这是法律最基本的要求。电力企业主要的承包商的企业资质及其法规依据、发证机构见表2-1。

表2-1　电力企业主要的承包商的企业资质及其法规依据、发证机构

资质证书	法规依据	发证机构
营业执照	公司登记管理条例	国家市场监督管理总局 省市县区市场监督管理局
工程勘察资质证书	工程勘察资质标准	住房和城乡建设部 住房和城乡建设厅
工程设计资质证书	工程设计资质标准	
建筑业企业资质证书	建筑业企业资质标准	
工程监理资质证书	工程监理企业资质标准	
安全生产许可证（建筑施工）	建筑施工企业安全生产许可证管理规定	

续表

资质证书	法规依据	发证机构
承装（修、试）电力设施许可证	承装（修、试）电力设施许可证管理办法	国家能源局派出能源监管机构
消防技术服务机构资质证书	社会消防技术服务管理规定	应急管理部消防救援局应急管理厅
安全评价机构资质证书	安全评价机构管理规定	应急管理部省市县级应急管理部门
职业卫生技术服务机构资质证书	职业卫生技术服务机构监督管理暂行办法	
安全生产许可证（危险化学品生产）	危险化学品生产企业安全生产许可证实施办法	
危险化学品经营许可证	危险化学品经营许可证管理办法	
道路运输经营许可证	道路货物运输及站场管理规定	设区的市级道路运输管理机构
道路危险货物运输许可证	道路危险货物运输管理规定	
危险废物经营许可证	危险废物经营许可证管理办法	生态环境部生态环境厅市县环境保护局
建设项目环境影响评价资质证书	建设项目环境影响评价资格证书管理办法	生态环境部
特种设备设计许可证	特种设备安全法	省级质量技术监督部门
特种设备制造许可证		
特种设备安装改造维修许可证		
特种设备检验检测机构核准证		
保安服务许可证	保安服务管理条例公安机关实施保安服务管理条例办法	省公安厅

招标时，在企业资质要求的基础上，对从事类似工程项目的规模、年限、数量等业绩相关的指标提出合理的要求，做到既能满足项目需要，又不至于门槛太高，导致招标不成功甚至被投标单位投诉引起法律纠纷。

《招标投标法》第十八条第二款规定：招标人不得以不合理的条件限制或者排斥潜在投标人，不得对潜在投标人实行歧视待遇。

第二十条规定：招标文件不得要求或者标明特定的生产供应者以及含有倾向或者排斥潜在投标人的其他内容。

《招标投标法实施条例》第二十三条规定：招标人编制的资格预审文件、招标文件的内容违反法律、行政法规的强制性规定，违反公开、公平、公正和诚实信用原则，影响资格预审结果或者潜在投标人投标的，依法必须进行招标的项目的招标人应当在修改资格预审文件或者招标文件后重新招标。

一、营业执照

营业执照是工商行政管理机关发给工商企业、个体经营者的准许从事某项生产经营活动的凭证，是承包商最基本的资质证照。

2018 年 3 月 1 日，工商总局等十三部门联合出台《关于推进全国统一"多证合一"改革的意见》，在"五证合一"基础上，将 19 项涉企证照事项进一步整合到营业执照上，首批实行"二十四证合一"。对全国统一"多证合一"改革涉企证照事项目录实行动态更新管理，对目录以外符合整合要求的证照事项，分期分批纳入"多证合一"范畴，做到成熟一批、整合一批。相关部门应按照职责分工，依法履行管理职责。对法律法规明确为行政审批和许可性质的涉企证照事项，不予整合。营业执照如图 2-1 所示。

《公司登记管理条例》第三条规定：公司经公司登记机关依法登记，领取《企业法人营业执照》，方取得企业法人资格。

自本条例施行之日起设立公司，未经公司登记机关登记的，不得以公司名义从事经营活动。

第五十七条第一款规定: 公司应当于每年1月1日至6月30日,通过企业信用信息公示系统向公司登记机关报送上一年度年度报告,并向社会公示。

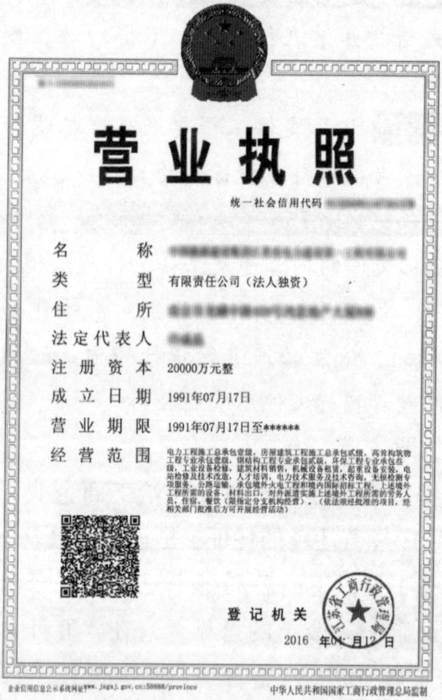

图 2-1 营业执照

二、工程勘察资质

根据《工程勘察资质标准》(建市〔2013〕9号),工程勘察资质分为三个类别:

(1)工程勘察综合资质。是指包括全部工程勘察专业资质的工程勘察资质。

(2)工程勘察专业资质。包括岩土工程专业资质、水文地质勘察专业资质和工程测量专业资质。其中，岩土工程专业资质包括岩土工程勘察、岩土工程设计、岩土工程物探测试检测监测等岩土工程（分项）专业资质。

（3）工程勘察劳务资质。包括工程钻探和凿井。

工程勘察资质证书如图2-2所示。

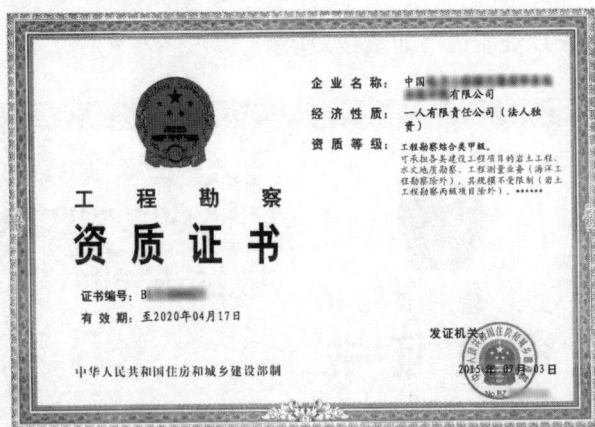

图 2-2　工程勘察资质证书

三、工程设计资质

根据《工程设计资质标准》（建市〔2007〕86号），工程设计资质分为四个序列：

（1）工程设计综合资质。是指涵盖21个行业的设计资质。

（2）工程设计行业资质。是指涵盖某个行业资质标准中的全部设计类型的设计资质。

（3）工程设计专业资质。是指某个行业资质标准中的某一个专业的设计资质。

（4）工程设计专项资质。是指为适应和满足行业发展的需求，对已形成产业的专项技术独立进行设计以及设计、施工一体化而设立的资质。

工程设计综合资质只设甲级。工程设计行业资质和工程设计专业资质设甲、乙两个级别；根据行业需要，建筑、市政公用、水利、电力（限送变电）、农林和公路行业可设立工程设计丙级资质，建筑工程设计专业资质设丁级。建筑行业根据需要设立建筑工程设计事务所资质。工程设计专项资质可根据行业需要设置等级。

工程设计资质证书如图 2-3 所示。

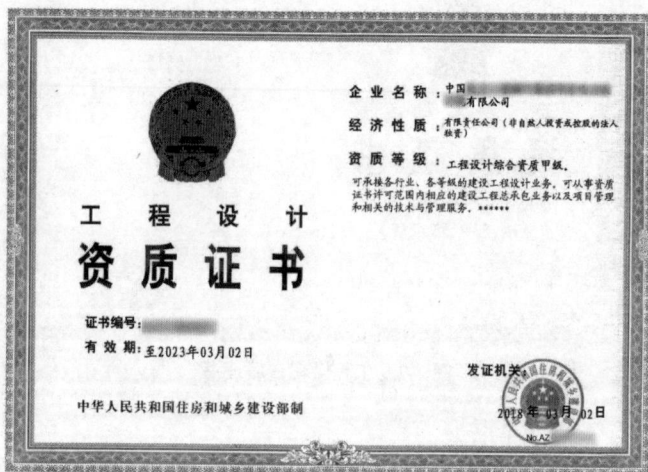

图 2-3　工程设计资质证书

四、建筑业企业资质

根据《建筑业企业资质标准》（建市〔2014〕159号），建筑业企业资质分为施工总承包、专业承包和施工劳务三个序列。其中施工总承包序列设有12个类别，一般分为4个等级（特级、一级、二级、三级）；专业承包序列设有36个类别，一般分为3个等级（一级、二级、三级）；施工劳务序列不分类别和等级。以电力工程施工总承包资质为例，分为特级、一级、二级、三级。

根据《施工总承包企业特级资质标准》（建市〔2007〕72号），

特级资质的承包范围如下：

（1）取得施工总承包特级资质的企业可承担本类别各等级工程施工总承包、设计及开展工程总承包和项目管理业务。

（2）取得房屋建筑、公路、铁路、市政公用、港口与航道、水利水电等专业中任意1项施工总承包特级资质和其中2项施工总承包一级资质，即可承接上述各专业工程的施工总承包、工程总承包和项目管理业务，及开展相应设计主导专业人员齐备的施工图设计业务。

（3）取得房屋建筑、矿山、冶炼、石油化工、电力等专业中任意1项施工总承包特级资质和其中2项施工总承包一级资质，即可承接上述各专业工程的施工总承包、工程总承包和项目管理业务，及开展相应设计主导专业人员齐备的施工图设计业务。

（4）特级资质的企业，限承担施工单项合同额3000万元以上的房屋建筑工程。

一、二、三级资质可承担工程见表2-2。

表2-2 电力工程总承包资质等级及可承担工程范围

企业资质	可承担工程范围
一级	各类发电工程、各种电压等级送电线路和变电站工程的施工
二级	单机容量20万kW以下发电工程、220kV以下送电线路和相同电压等级变电站工程的施工
三级	单机容量10万kW以下发电工程、110kV以下送电线路和相同电压等级变电站工程的施工

注 电力工程是指与电能的生产、输送及分配有关的工程。包括火力发电、水利水电、核能发电、风电、太阳能及其他能源发电、输配电等工程及其配套工程。工程范围"以下"包含本数。

建筑业企业资质证书如图2-4所示。

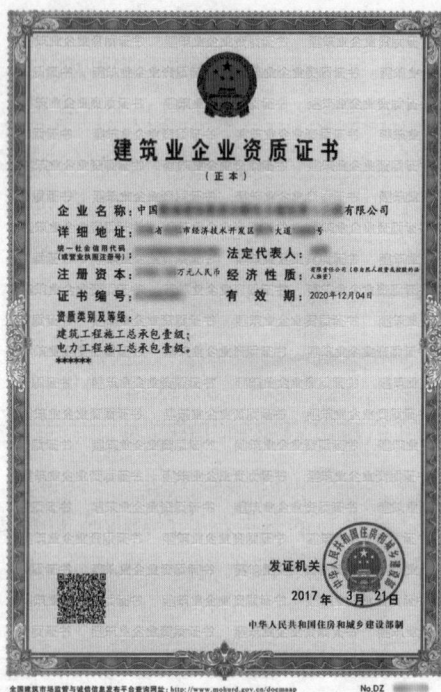

图 2-4　建筑业企业资质证书

五、工程监理资质

根据《工程监理企业资质标准》（建市〔2007〕131号），工程监理企业资质分为综合资质、专业资质和事务所三个序列。综合资质只设甲级。专业资质原则上分为甲、乙、丙三个级别，事务所不分等级。各级资质业务范围为：

（1）综合资质：可以承担所有专业工程类别建设工程项目的工程监理业务，以及建设工程的项目管理、技术咨询等相关服务。

（2）专业甲级资质：可承担相应专业工程类别建设工程项目的工程监理业务，以及相应类别建设程的项目管理、技术咨询等相关服务。

（3）专业乙级资质：可承担相应专业工程类别二级（含二级）

以下建设工程项目的工程监理业务，以及相应类别和级别建设工程的项目管理、技术咨询等相关服务。

（4）专业丙级资质：可承担相应专业工程类别三级建设工程项目的工程监理业务，以及相应类别和级别建设工程的项目管理、技术咨询等相关服务。

（5）事务所资质：可承担三级建设工程项目的工程监理业务，以及相应类别和级别建设工程项目管理、技术咨询等相关服务。但国家规定必须实行强制监理的建设工程监理业务除外。

部分专业工程类别和等级见表2-3。

表2-3　专业工程类别和等级（电力企业相关）

工程类别		一级	二级	三级
水利水电工程	水力发电站工程	总装机容量300MW以上	总装机容量50~300MW	总装机容量50MW以下
电力工程	火力发电站工程	单机容量30万kW以上	单机容量30万kW以下	
	输变电工程	330kV以上	330kV以下	
	核电工程	核电站；核反应堆工程		

工程监理资质证书如图2-5所示。

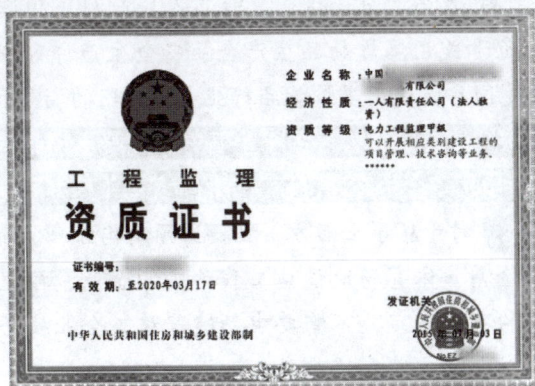

图2-5　工程监理资质证书

六、安全生产许可证

《安全生产许可证条例》第二条规定：国家对矿山企业、建筑施工企业和危险化学品、烟花爆竹、民用爆破器材生产企业（以下统称企业）实行安全生产许可制度。企业未取得安全生产许可证的，不得从事生产活动。

国务院安全生产监督管理部门负责中央管理的非煤矿矿山企业和危险化学品、烟花爆竹生产企业安全生产许可证的颁发和管理。省、自治区、直辖市人民政府安全生产监督管理部门负责前款规定以外的非煤矿矿山企业和危险化学品、烟花爆竹生产企业安全生产许可证的颁发和管理，并接受国务院安全生产监督管理部门的指导和监督。

国家煤矿安全监察机构负责中央管理的煤矿企业安全生产许可证的颁发和管理。在省、自治区、直辖市设立的煤矿安全监察机构负责前款规定以外的其他煤矿企业安全生产许可证的颁发和管理，并接受国家煤矿安全监察机构的指导和监督。

第四条规定：省、自治区、直辖市人民政府建设主管部门负责建筑施工企业安全生产许可证的颁发和管理，并接受国务院建设主管部门的指导和监督。

第五条规定：省、自治区、直辖市人民政府民用爆炸物品行业主管部门负责民用爆炸物品生产企业安全生产许可证的颁发和管理，并接受国务院民用爆炸物品行业主管部门的指导和监督。

《住房城乡建设部办公厅关于土石方、混凝土预制构件等 8 类专业承包企业申领安全生产许可证事宜的意见》（建办质函〔2015〕269 号）规定：对于从事土石方、混凝土预制构件、金属门窗、预应力、无损检测、体育场地设施工程施工的企业，按照安全生产许可证管理的有关规定，不需要申领建筑施工企业安全生产许可证；对于从事电梯安装和爆破的企业，按照职责分工，依法分别由相关部门核准资质，不需要申领建筑施工企业安全生产许可证；

拆除作业按工程性质由具有相应资质类别的企业承担，该类企业应申领建筑施工企业安全生产许可证。

安全生产许可证如图 2-6 所示。

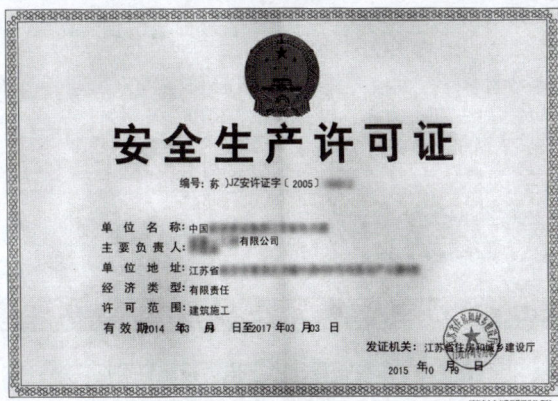

图 2-6　安全生产许可证

七、承装（修、试）电力设施许可证

根据《承装（修、试）电力设施许可证管理办法》（电监会令第 28 号），承装（修、试）电力设施许可证（如图 2-7 所示）分为一级、二级、三级、四级和五级。

承装（修、试）电力设施许可证资质等级及业务范围见表 2-4。

表 2-4　承装（修、试）电力设施许可证资质等级及业务范围

许可证等级	业务范围
一级	所有电压等级电力设施的安装、维修或者试验业务
二级	220kV 以下电压等级电力设施的安装、维修或者试验业务
三级	110kV 以下电压等级电力设施的安装、维修或者试验业务
四级	35kV 以下电压等级电力设施的安装、维修或者试验业务
五级	10kV 以下电压等级电力设施的安装、维修或者试验业务

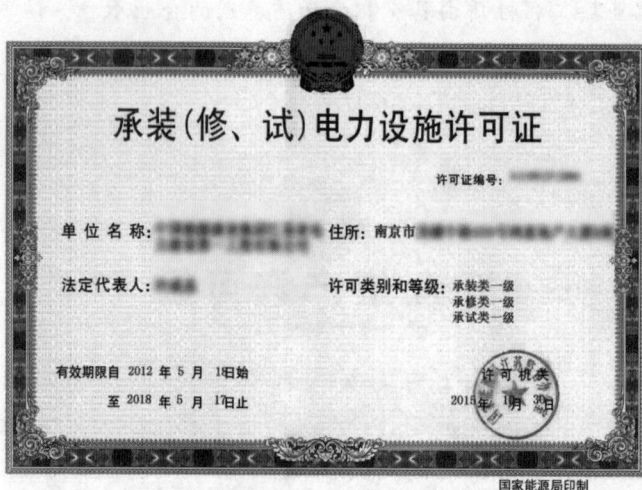

图 2-7　承装（修、试）电力设施许可证

八、消防技术服务机构资质

根据《社会消防技术服务管理规定》（公安部令第 129 号），消防技术服务机构是指从事消防设施维护保养检测、消防安全评估等消防技术服务活动的社会组织。消防设施维护保养检测机构的资质分为一级、二级和三级，消防安全评估机构的资质分为一级和二级。

一级资质的消防安全评估机构可以在全国范围内执业。其他消防技术服务机构可以在许可所在省、自治区、直辖市范围内执业。

具备下列条件的一级资质的消防设施维护保养检测机构可以跨省、自治区、直辖市执业，但应当在拟执业的省、自治区、直辖市设立分支机构：

（1）取得一级资质 2 年以上，申请之日前 2 年内无违法执业行为记录；

（2）注册消防工程师 10 人以上，其中一级注册消防工程师至少 8 人，不包括拟转到分支机构执业的注册消防工程师及已设立的分支机构的注册消防工程师。

拟设立的分支机构注册消防工程师数量，应当不少于所申请的消防技术服务机构资质条件要求的注册消防工程师人数的80%，且符合相应消防技术服务机构资质的其他条件。

消防技术服务机构的分支机构应当在分支机构取得的资质范围内执业。

消防技术服务机构及其从业人员应当依照法律法规、技术标准和执业准则，开展下列社会消防技术服务活动，并对服务质量负责：

（1）三级资质的消防设施维护保养检测机构可以从事生产企业授权的灭火器检查、维修、更换灭火药剂及回收等活动；一级资质、二级资质的消防设施维护保养检测机构可以从事建筑消防设施检测、维修、保养活动；

（2）消防安全评估机构可以从事区域消防安全评估、社会单位消防安全评估、大型活动消防安全评估、特殊消防设计方案安全评估等活动，以及消防法律法规、消防技术标准、火灾隐患整改等方面的咨询活动。

一级资质、临时一级资质的消防设施维护保养检测机构可以从事各类建筑的建筑消防设施的检测、维修、保养活动。一级资质、临时一级资质的消防安全评估机构可以从事各种类型的消防安全评估以及咨询活动。

二级资质的消防设施维护保养检测机构可以从事单体建筑面积 4 万 m^2 以下的建筑、火灾危险性为丙类以下的厂房和库房的建筑消防设施的检测、维修、保养活动。二级资质的消防安全评估机构可以从事社会单位消防安全评估以及消防法律法规、消防技术标准、一般火灾隐患整改等方面的咨询活动。

消防技术服务机构资质证书如图 2-8 所示。

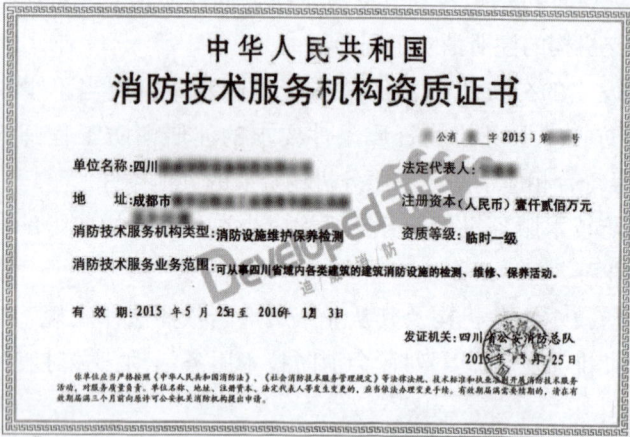

图 2-8　消防技术服务机构资质证书

九、安全评价机构资质

根据《安全评价机构管理规定》（安监总局令第 22 号），安全评价机构的资质分为甲级、乙级两种，根据其专业人员构成、技术条件确定各自的业务范围。法律、法规和国务院或其有关部门对安全评价有特殊规定的，依照其规定。

安全评价机构资质及可承担业务范围见表 2-5。

表 2-5　安全评价机构资质及可承担业务范围

企业资质	可承担业务范围
甲级	根据确定的业务范围在全国范围内从事安全评价活动。 下列建设项目或者企业的安全评价，必须由取得甲级资质的安全评价机构承担： （一）国务院及其投资主管部门审批（核准、备案）的建设项目； （二）跨省、自治区、直辖市的建设项目； （三）生产剧毒化学品的建设项目； （四）生产剧毒化学品的企业和其他大型生产企业
乙级	据确定的业务范围在其所在的省、自治区、直辖市内从事安全评价活动

安全评价机构资质证书如图 2-9 所示。

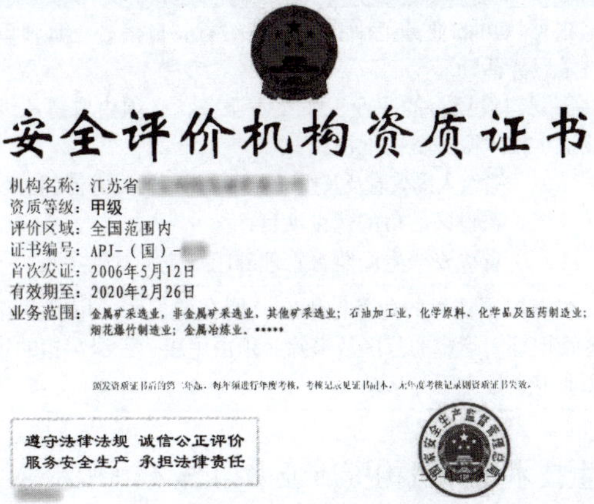

图 2-9　安全评价机构资质证书

十、职业卫生技术服务机构资质

根据《职业卫生技术服务机构监督管理暂行办法》（安监总局令第 50 号），职业卫生技术服务机构是指为建设项目提供职业病危害预评价、职业病危害控制效果评价，为用人单位提供职业病危害因素检测、职业病危害现状评价、职业病防护设备设施与防护用品的效果评价等技术服务的机构。机构资质分甲、乙、丙三级，各级资质及可承担业务范围见表 2-6。

表 2-6　职业卫生技术服务机构资质及可承担业务范围

企业资质	可承担业务范围
甲级	根据认可的业务范围在全国从事相应的职业卫生技术服务活动。 下列建设项目的职业卫生技术服务，必须由取得甲级资质的职业卫生技术服务机构承担： （一）国务院及其投资主管部门审批（核准、备案）的建设项目； （二）核设施、绝密工程等特殊性质的建设项目； （三）跨省、自治区、直辖市的建设项目； （四）国家安全生产监督管理总局规定的其他项目

企业资质	可承担业务范围
乙级	根据认可的业务范围在其所在的省、自治区、直辖市从事职业卫生技术服务活动。 下列建设项目的职业卫生技术服务，必须由取得乙级以上资质的职业卫生技术服务机构承担： （一）省级人民政府及其投资主管部门审批（核准、备案）的建设项目； （二）跨设区的市的建设项目； （三）省级安全生产监督管理部门规定的其他项目
丙级	可以根据认可的业务范围在其所在的设区的市或者省级安全生产监督管理部门指定的范围从事除必须由甲级、乙级承担的建设项目以外的职业卫生技术服务活动

职业卫生技术服务机构资质证书如图 2-10 所示。

图 2-10　职业卫生技术服务机构资质证书

十一、危险化学品经营许可证

《危险化学品安全管理条例》第三十三条第一款规定：国家对危险化学品经营（包括仓储经营）实行许可制度。未经许可，任何单位和个人不得经营危险化学品。

电力企业应向取得危险化学品经营许可证（如图 2-11 所示）的企业购买危险化学品。

图 2-11　危险化学品经营许可证

十二、道路运输经营许可证、道路危险货物运输许可证

根据《道路货物运输及站场管理规定》（交通运输部令 2012 年第 1 号），道路货物运输经营，是指为社会提供公共服务、具有商业性质的道路货物运输活动。

道路货物运输包括道路普通货运、道路货物专用运输、道路大型物件运输和道路危险货物运输。道路货物专用运输，是指使用集装箱、冷藏保鲜设备、罐式容器等专用车辆进行的货物运输。

道路货物运输经营者应当按照《道路运输经营许可证》核定的经营范围从事货物运输经营，不得转让、出租道路运输经营许可证件。

根据《道路危险货物运输管理规定》（交通运输部令 2016 年第 36 号），危险货物，是指具有爆炸、易燃、毒害、感染、腐蚀等危险特性，在生产、经营、运输、储存、使用和处置中，容易造成人身伤亡、财产损毁或者环境污染而需要特别防护的物质和物品。危险货物以列入国家标准《危险货物品名表》（GB-12268）的为准，未列入《危险货物品名表》的，以有关法律、行政法规的规定或者国务院有关部门公布的结果为准。

25

设区的市级道路运输管理机构向道路危险货物运输经营申请人发放《道路运输经营许可证》（如图 2-12 所示），向非经营性道路危险货物运输申请人发放《道路危险货物运输许可证》（如图 2-13 所示）。这两个许可证是不同的，电力企业在招标、评标、入厂管理时一定要注意区分。

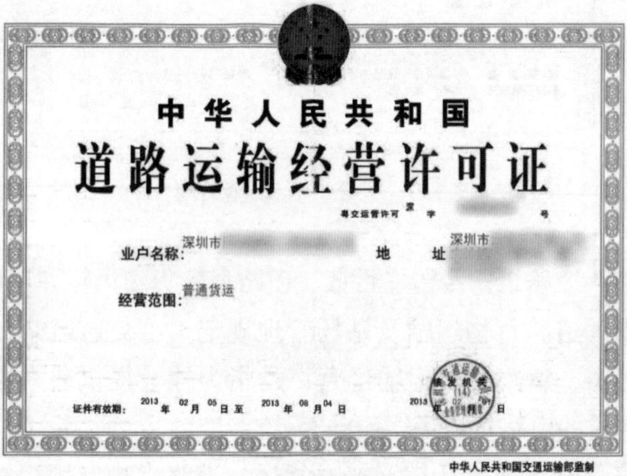

中华人民共和国

道路运输经营许可证

粤交运营许可 深 字 号

业户名称：深圳市

地 址：深圳市

经营范围：普通货运

证件有效期：2013 年 02 月 05 日至 2013 年 08 月 04 日

核发机关

2013 年 月 日

中华人民共和国交通运输部监制

图 2-12 道路运输经营许可证

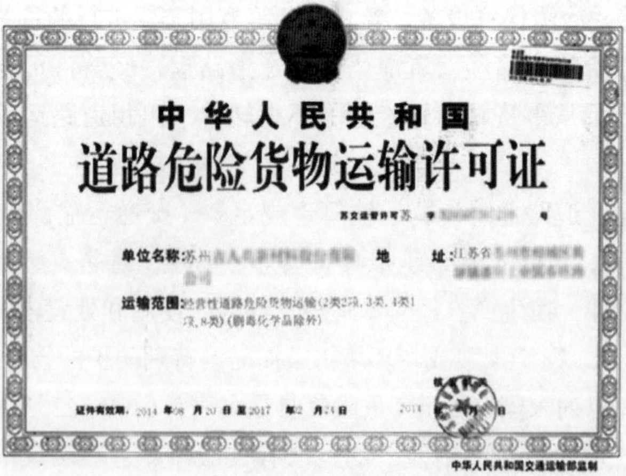

中华人民共和国

道路危险货物运输许可证

苏交运管许可 苏 字 号

单位名称：苏州

地 址：江苏省

运输范围：经营性道路危险货物运输（2类2项，3类，4类1项，8类）（剧毒化学品除外）

证件有效期：2014 年 08 月 20 日至 2017 年 2 月 24 日

2014 年 月 日

中华人民共和国交通运输部监制

图 2-13 道路危险货物运输许可证

十三、危险废物经营许可证

根据《危险废物经营许可证管理办法》（国务院令第408号），危险废物，是指列入国家危险废物名录或者根据国家规定的危险废物鉴别标准和鉴别方法认定的具有危险性的废物。

危险废物经营许可证（如图2-14所示）按照经营方式，分为危险废物收集、贮存、处置综合经营许可证和危险废物收集经营许可证。

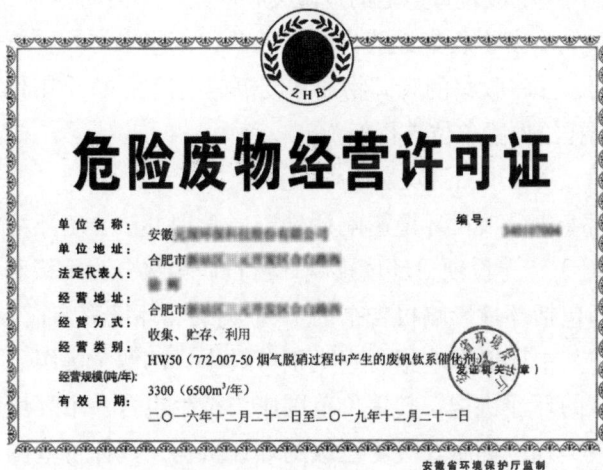

图 2-14　危险废物经营许可证

（1）收集，是指危险废物经营单位将分散的危险废物进行集中的活动。

（2）贮存，是指危险废物经营单位在危险废物处置前，将其放置在符合环境保护标准的场所或者设施中，以及为了将分散的危险废物进行集中，在自备的临时设施或者场所每批置放质量超过 5000kg 或者置放时间超过 90 个工作日的活动。

（3）处置，是指危险废物经营单位将危险废物焚烧、煅烧、熔融、烧结、裂解、中和、消毒、蒸馏、萃取、沉淀、过滤、拆解以及用其他改变危险废物物理、化学、生物特性的方法，达到减少危险废物数量、缩小危险废物体积、减少或者消除其危险成分的活动，或者将危险废物最终置于符合环境保护规定要求的场所或者设施并不再回取的活动。

领取危险废物综合经营许可证的单位，可以从事各类别危险废物的收集、贮存、处置经营活动；领取危险废物收集经营许可证的单位，只能从事机动车维修活动中产生的废矿物油和居民日常生活中产生的废镉镍电池的危险废物收集经营活动。

领取危险废物收集经营许可证的单位，应当与处置单位签订接收合同，并将收集的废矿物油和废镉镍电池在 90 个工作日内提供或者委托给处置单位进行处置。

十四、建设项目环境影响评价资质

根据《建设项目环境影响评价资质管理办法》（环境保护部令第 36 号），建设项目环境影响评价资质等级分为甲级和乙级。评价范围包括环境影响报告书的 11 个类别和环境影响报告表的 2 个类别，其中环境影响报告书类别分设甲、乙两个等级。资质等级为甲级的环评机构，其评价范围应当至少包含一个环境影响报告书甲级类别；资质等级为乙级的环评机构，其评价范围只包含环境影响报告书乙级类别和环境影响报告表类别。各种电力建设项目所属评价范围类别、内容和应由甲级环评机构编制环境影响报告书的电力建设项目见表 2-7。

表 2-7　应由甲级环评机构编制环境影响报告书的电力建设项目

评价范围类别	内容	应由甲级环评机构编制环境影响报告书的电力建设项目
建材火电	火力发电（包括热电），生物质发电，利用矸石、油页岩、石油焦等发电，燃煤、燃油锅炉	燃煤火力发电项目、燃煤热力发电项目（背压机组项目除外）、生活垃圾焚烧发电项目

续表

评价范围 类别	内容	应由甲级环评机构编制环境影响 报告书的电力建设项目
农林水利	水力发电，风力发电	在跨界和跨省（区、市）河流上建设的水电站项目和总装机容量 25 万 kW 及以上的水电站项目
输变电及广电通信	送（输）变电工程	75kV 及以上交流项目和 ±50kV 及以上直流项目
核工业	核动力厂、反应堆	核动力厂、反应堆以及项目的退役

注 包括新建、扩建和技术改造。

建设项目环境影响评价资质证书如图 2-15 所示。

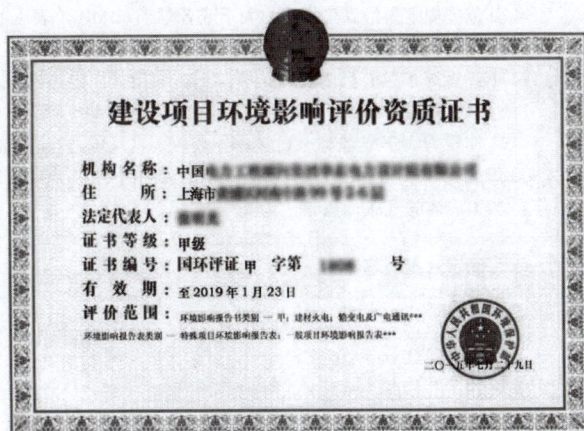

图 2-15 建设项目环境影响评价资质证书

十五、特种设备安装改造维修许可证、特种设备检验检测机构核准证

（一）电力企业常用的特种设备

电力企业常用的特种设备有锅炉、压力容器（含气瓶）、压力管道、电梯、起重机械、场（厂）内专用机动车辆等，具体见表 2-8。

表 2-8 电力企业常用的特种设备

代码	种类	类别	品种
1000	锅炉	锅炉，是指利用各种燃料、电或者其他能源，将所盛装的液体加热到一定的参数，并通过对外输出介质的形式提供热能的设备，其范围规定为设计正常水位容积大于或者等于 30L，且额定蒸汽压力大于或者等于 0.1MPa（表压）的承压蒸汽锅炉；出口水压大于或者等于 0.1MPa（表压），且额定功率大于或者等于 0.1MW 的承压热水锅炉；额定功率大于或者等于 0.1MW 的有机热载体锅炉	
1100		承压蒸汽锅炉	
2000	压力容器	压力容器，是指盛装气体或者液体，承载一定压力的密闭设备，其范围规定为最高工作压力大于或者等于 0.1MPa（表压）的气体、液化气体和最高工作温度高于或者等于标准沸点的液体、容积大于或者等于 30L 且内直径（非圆形截面指截面内边界最大几何尺寸）大于或者等于 150mm 的固定式容器和移动式容器；盛装公称工作压力大于或者等于 0.2MPa（表压），且压力与容积的乘积大于或者等于 1.0MPa•L 的气体、液化气体和标准沸点等于或者低于 60℃ 液体的气瓶；氧舱	
2100		固定式压力容器	
2110			超高压容器
2130			第三类压力容器
2150			第二类压力容器
2170			第一类压力容器
2300		气瓶	
2310			无缝气瓶
2320			焊接气瓶

续表

代码	种类	类别	品种
8000	压力管道	压力管道,是指利用一定的压力,用于输送气体或者液体的管状设备,其范围规定为最高工作压力大于或者等于0.1MPa(表压),介质为气体、液化气体、蒸汽或者可燃、易爆、有毒、有腐蚀性、最高工作温度高于或者等于标准沸点的液体,且公称直径大于或者等于50mm的管道。公称直径小于150mm,且其最高工作压力小于1.6MPa(表压)的输送无毒、不可燃、无腐蚀性气体的管道和设备本体所属管道除外。其中,石油天然气管道的安全监督管理还应按照《安全生产法》《石油天然气管道保护法》等法律法规实施	
8300		工业管道	
8310			工艺管道
8320			动力管道
3000	电梯	电梯,是指动力驱动,利用沿刚性导轨运行的箱体或者沿固定线路运行的梯级(踏步),进行升降或者平行运送人、货物的机电设备,包括载人(货)电梯、自动扶梯、自动人行道等。非公共场所安装且仅供单一家庭使用的电梯除外	
3100		曳引与强制驱动电梯	
3110			曳引驱动乘客电梯
3120			曳引驱动载货电梯
3130			强制驱动载货电梯
4000	起重机械	起重机械,是指用于垂直升降或者垂直升降并水平移动重物的机电设备,其范围规定为额定起重量大于或者等于0.5t的升降机;额定起重量大于或者等于3t(或额定起重力矩大于或者等于40t·m的塔式起重机,或生产率大于或者等于300t/h的装卸桥),且提升高度大于或者等于2m的起重机;层数大于或者等于2层的机械式停车设备	
4100		桥式起重机	
4110			通用桥式起重机
4130			防爆桥式起重机
4170			电动单梁起重机

代码	种类	类别	品种
4190			电动葫芦桥式起重机
4200		门式起重机	
4210			通用门式起重机
4270			电动葫芦门式起重机
4280			装卸桥
4300		塔式起重机	
4310			普通塔式起重机
4320			电站塔式起重机
4800		升降机	
4860			施工升降机
4870			简易升降机
5000	场（厂）内专用机动车辆	场（厂）内专用机动车辆，是指除道路交通、农用车辆以外仅在工厂厂区、旅游景区、游乐场所等特定区域使用的专用机动车辆	
5100		机动工业车辆	
5110			叉车
5200		非公路用旅游观光车辆	
F000	安全附件		
7310			安全阀
F220			爆破片装置
F230			紧急切断阀
F260			气瓶阀门

（二）特种设备安装改造维修许可证

（1）电力企业锅炉安装改造维修单位资质主要有3种级别，见表2-9。

表 2-9　电力企业锅炉安装改造维修单位资质

级别	许可安装、改造、维修锅炉的范围
1	参数不限
2	额定出口压力≤ 2.5MPa 的锅炉
3	额定出口压力≤ 2.5MPa 的整（组）装锅炉

资质样式如图 2-16 所示。

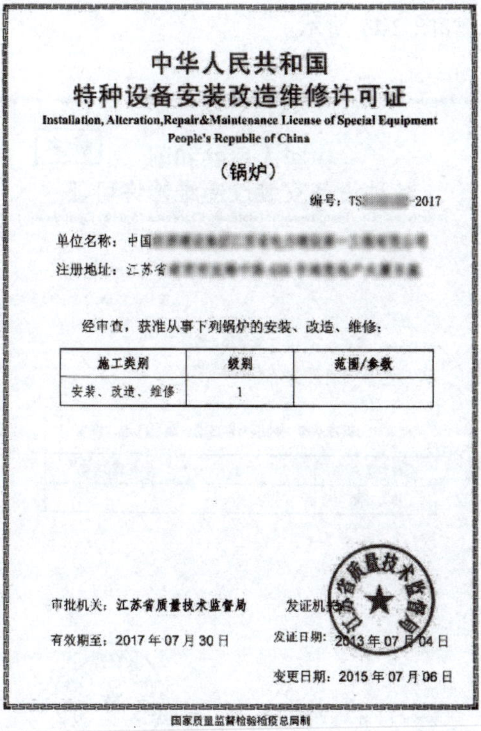

中华人民共和国
特种设备安装改造维修许可证
Installation, Alteration,Repair&Maintenance License of Special Equipment
People's Republic of China
（锅炉）

编号：TS[illegible]-2017

单位名称：中国[illegible]

注册地址：江苏省[illegible]

经审查，获准从事下列锅炉的安装、改造、维修：

施工类别	级别	范围/参数
安装、改造、维修	1	

审批机关：江苏省质量技术监督局　　发证机关：

有效期至：2017 年 07 月 30 日　　发证日期：2013 年 07 月 04 日

变更日期：2015 年 07 月 06 日

国家质量监督检验检疫总局制

图 2-16　特种设备安装改造维修许可证（锅炉）

（2）电力企业压力容器安装改造维修单位资质主要有 2 种级别，见表 2-10。

表 2-10　电力企业压力容器安装改造维修单位资质

级别	许可安装、改造、维修压力容器的范围
1	允许从事压力容器安装、改造、维修工作
2	允许从事压力容器维修工作

注　1.取得压力容器制造许可资格的单位（A3 级仅限球壳板压制和仅限封头制造者除
　　　外），可以从事相应制造许可范围内的压力容器安装、改造、维修工作。
　　2.取得 GC1 级压力管道安装许可资格的单位，或者取得 2 级（含）以上锅炉安装
　　　资格的单位可以从事 1 级许可资格中的压力容器安装工作。

资质样式如图 2-17 所示。

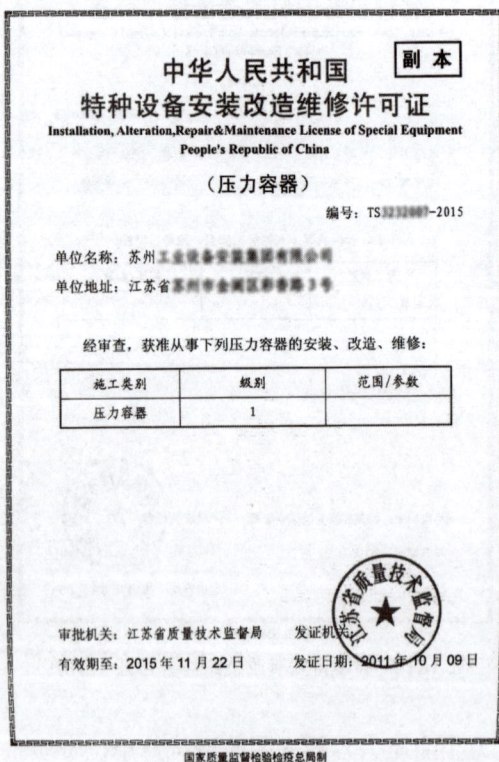

图 2-17　特种设备安装改造维修许可证（压力容器）

（3）电力企业压力管道安装改造维修单位资质主要有 4 种级别，见表 2-11。

表 2-11 电力企业压力管道安装改造维修单位资质

级别		许可设计压力管道的范围
GA 类	GA1 级 甲级	（1）输送有毒、可燃、易爆气体或者液体介质，设计压力大于或者等于 10MPa 的。 （2）输送距离大于或者等于 1000km，且公称直径大于或者等于 1000mm 的
	GA1 级 乙级	（1）输送有毒、可燃、易爆气体介质，设计压力大于或者等于 4.0MPa、小于 10MPa。 （2）输送有毒、可燃、易爆液体介质，设计压力大于或者等于 6.4MPa、小于 10MPa
GB 类	GB1 级	燃气管道
	GB2 级	城镇热力管道： （1）设计压力大于 2.5MPa。 （2）设计压力小于或者等于 2.5MPa
GC 类	GC1 级	（1）输送 GB 5044—1985《职业接触毒物危害程度分级》中规定的毒性程度为极度危害介质、高度危害气体介质和工作温度高于其标准沸点的高度危害液体介质的管道。 （2）输送 GB 50160—2008《石油化工企业设计防火规范》与 GB 50016—2006《建筑设计防火规范》中规定的火灾危险性为甲、乙类可燃气体或者甲类可燃液体（包括液化烃），并且设计压力大于或者等于 4.0MPa 的管道。 （3）输送流体介质，并且设计压力大于或者等于 10.0MPa，或者设计压力大于或者等于 4.0MPa 且设计温度高于或者等于 400℃的管道
	GC2 级	除 GC3 级管道外，介质毒性危害程度、火灾危险性（可燃性）、设计压力和设计温度低于 GC1 级的工业管道为 GC2 级。
	GC3 级	输送无毒、非可燃流体介质，设计压力小于或者等于 1.0MPa 且设计温度高于 −20℃、但是不高于 185℃的工业管道为 GC3 级

级别		许可设计压力管道的范围
GD 类	GD1 级	设计压力大于等于 6.3MPa，或者设计温度大于等于 400℃的管道
	GD2 级	设计压力小于 6.3MPa，且设计温度小于 400℃ 的管道
长输(油气)管道带压封堵	甲级	（1）输送可燃、易爆、有毒介质，设计压力大于或者等于 2.5MPa 的长输（油气）管道的带压封堵。 （2）设计压力大于或者等于 2.5MPa，且公称直径大于或者等于 300mm 的长输（油气）管道的带压封堵
	乙级	（1）输送可燃、易爆、有毒介质，设计压力小于 2.5MPa 的长输管道的带压封堵。 （2）设计压力小于 2.5MPa，或公称直径小于 300mm 的长输管道的带压封堵
管道现场防腐蚀作业（压力管道现场防腐蚀作业）	甲级	GA、GBl、GC、GD 类压力管道的现场防腐蚀作业
	乙级	GB2 类压力管道的现场防腐蚀作业

注 1. 安装单位申请的许可项目中，同时含有"GA""GCI""GDI""长输（油气）管道带压封堵""管道现场防腐蚀作业（甲级）"和其他类别的许可项目时，由国家质检总局统一审批。

2. 许可项目中，GAI 甲级可以覆盖 GAI 乙级、GA2 级，GAI 乙级可以覆盖 GA2 级，GCI 级可以覆盖 GC2、GC3 级，GC2 级可以覆盖 GC3 级，GDI 许可以覆盖 GD2 级，长输（油气）管道带压封堵和管道现场防腐蚀作业许可的甲级可以覆盖乙级。

3. GCI 级中空分装置专项条件按 GC2 级，GC2 级中的集中供气、制冷专项条件按 GC3 级。

4. 输送距离，是指产地、储存地、用户间的用于输送商品介质的管道长度。

5. 管道现场防腐作业，是指在管道施工现场进行工厂化预制管道防腐层作业，不包括管道防腐层的现场补口补伤。

6. GBI 中设置 PE 管安装专项。

资质样式如图 2-18 所示。

（4）电力企业起重机械安装改造维修单位资质主要级别见表 2-12。

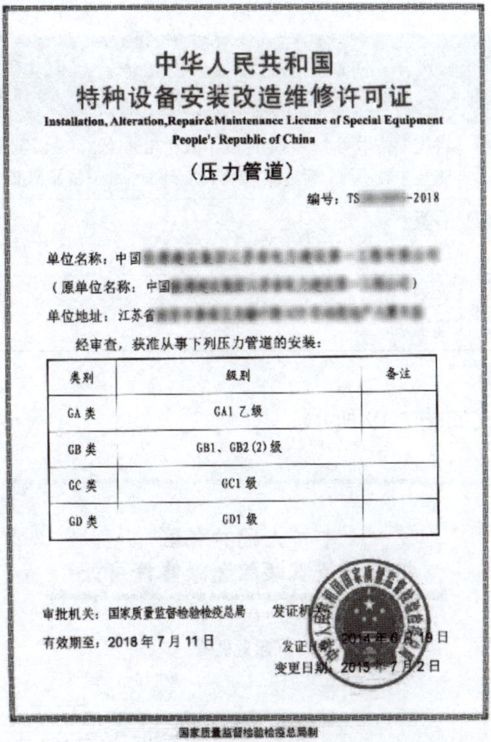

图 2-18 特种设备安装改造维修许可证（压力管道）

表 2-12 电力企业起重机械安装改造维修单位资质

设备种类	设备类型	施工类别	各施工等级技术参数		
			A 级	B 级	C 级
起重机械	桥式起重机门式起重机	安装 改造 维修	技术参数不限	额定起重量不大于80t、跨度不大于34.5m	额定起重量不大于20t、跨度不大于22.5m
	塔式起重机门座起重机桅杆起重机旋臂式起重机	各类施工	技术参数不限	额定起重力矩不大于80tm 的塔式起重机、门座起重机，以及所有技术参数等级的桅杆起重机、旋臂式起重机	额定起重力矩不大于40tm 的塔式起重机、门座起重机、桅杆起重机，以及所有技术参数等级的旋臂式起重机

续表

设备种类	设备类型	施工类别	各施工等级技术参数		
			A 级	B 级	C 级
起重机械	升降机	各类施工	技术参数不限	额定速度不大于 1.5m/s、额定载重量不大于 3t	额定速度不大于 1m/s、额定载重量不大于 1t
	轻小型起重设备	各类施工	技术参数不限		
	缆索起重机	各类施工	技术参数不限		

资质样式如图 2-19 所示。

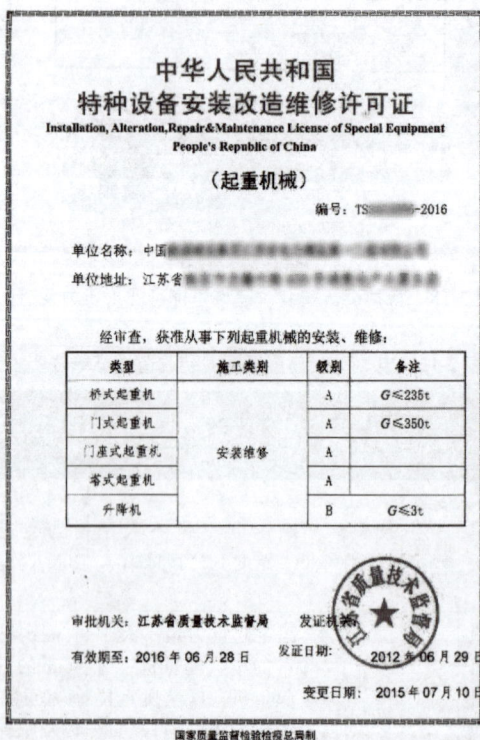

图 2-19　特种设备安装改造维修许可证（起重机械）

（5）电力企业电梯安装改造维修单位资质主要级别见表 2-13。

表 2-13　电力企业电梯安装改造维修单位资质

设备种类	设备类型	施工类别	各施工等级技术参数		
			A 级	B 级	C 级
电梯	乘客电梯 载货电梯 液压电梯 杂物电梯 自动扶梯 自动人行道	安装 改造 维修	技术参数不限	额定速度不大于 2.5m/s、额定载重量不大于 5t 的乘客电梯、载货电梯、液压电梯、杂物电梯，以及所有技术参数等级的自动人行道和自动扶梯	额定速度不大于 1.75m/s、额定载重量不大于 3t 的乘客电梯、载货电梯，以及所有技术参数等级的杂物电梯、自动人行道和提升高度不大于 6m 的自动扶梯

资质样式如图 2-20 所示。

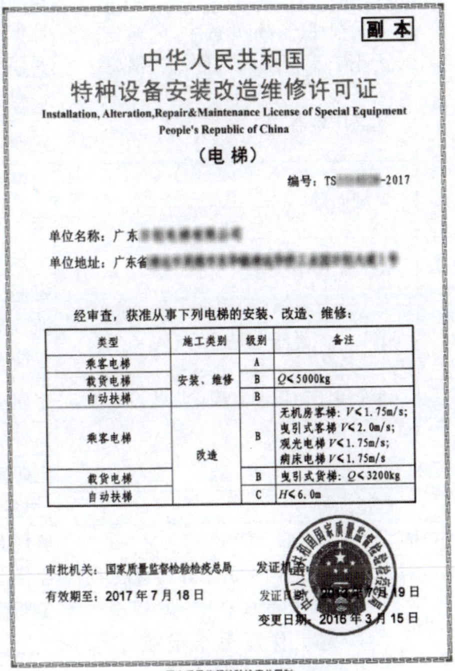

图 2-20　特种设备安装改造维修许可证（电梯）

（三）特种设备检验检测机构核准证

电力企业特种设备检验检测机构资质分为两大类，一类为综合检验机构，核准项目见表 2-14，资质样式如图 2-21 所示；一类为无损检测机构，核准项目见表 2-15，资质样式如图 2-22 所示。

表 2-14　电力企业特种设备综合检验机构

序号	核准项目代码		核准项目		备注
1	GJ1	锅炉	额定蒸汽压力大于 22MPa 的蒸汽锅炉	监督检验	
2	GD1			定期检验	
3	GJ2		额定蒸汽压力小于等于 22MPa 的蒸汽锅炉	监督检验	
4	GD2			定期检验	
5	GJ3		额定蒸汽压力小于等于 9.82MPa 的蒸汽锅炉	监督检验	
6	GD3			定期检验	
7	GJ4		热水锅炉、有机热载体炉、额定蒸汽压力小于等于 2.45MPa 的蒸汽锅炉	监督检验	
8	GD4			定期检验	
9	RJ1	压力容器	超高压容器	监督检验	
10	RD1			定期检验	
11	RJ2		球型储罐	监督检验	
12	RD2			定期检验	
13	RJ3		第三类压力容器	监督检验	
14	RD3			定期检验	
15	RJ4		第一、二类压力容器	监督检验	
16	RD4			定期检验	
17	RD7		汽车罐车（低温、罐式集装箱等）	定期检验	注明品种
18	DJ3	压力管道	工业管道	监督检验	
19	DD3			定期检验	
20	DJ4		管道元件	监督检验	
21	KJ1		进口锅炉、压力容器、气瓶	监督检验	
22	KJ2		出口锅炉、压力容器、气瓶、压力管道元件	监督检验	
23	JD1	锅炉水（介）质处理	发电锅炉的水质	定期检验	参数不限
24	JD2		额定工作压力小于或者等于 2.5MPa 锅炉的水质	定期检验	
25	JD3		有机热载体炉的介质	定期检验	

序号	核准项目代码		核准项目		备注
26	PD1	气瓶	无缝气瓶	定期检验	
27	PD2		焊接气瓶	定期检验	
28	PD4		溶解乙炔气瓶	定期检验	
29	PD5		特种气瓶（缠绕、低温、车载等）	定期检验	
30	PJ1		各类气瓶	监督检验	
31	FD1	安全阀	整定压力等于或大于10MPa的安全阀	定期检验	含在线校验应当注明，未注明则不含
32	FD2		整定压力小于10MPa的安全阀	定期检验	
33	TJ1	电梯	各类电梯	监督检验	注明是否含防爆电梯
34	TD1			定期检验	
35	QJ1	起重机械	桥式起重机、门式起重机	监督检验	注明品种、是否含防爆
36	QD1			定期检验	
37	QJ2		塔式起重机、桅杆起重机、旋臂起重机	监督检验	注明品种
38	QD2			定期检验	
39	QJ3		流动式起重机	监督检验	注明品种
40	QD3			定期检验	
41	QJ4		门座式起重机	监督检验	
42	QD4			定期检验	
43	QJ5		升降机	监督检验	注明品种
44	QD5			定期检验	
45	QJ6		缆索起重机	监督检验	
46	QD6			定期检验	
47	QJ7		轻小型起重设备	监督检验	注明是否含防爆
48	QD7			定期检验	
49	NJ1	场（厂）内机动车辆	场（厂）内机动车辆	监督检验	注明是否含防爆
50	ND1			定期检验	
51	RBI		基于风险的检验	定期检验	注明限定范围

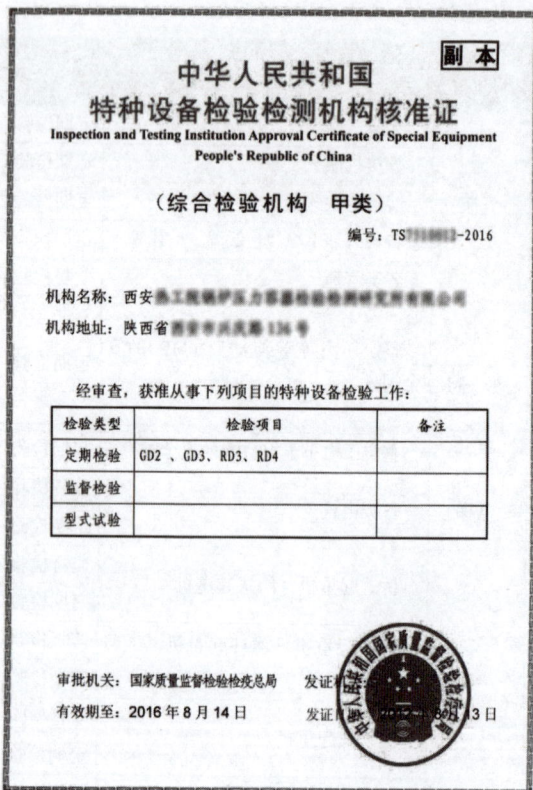

图 2-21　特种设备检验检测机构核准证（综合检验机构）

表 2-15　电力企业特种设备无损检测机构

序号	核准项目代码	核准项目
1	RT	射线照相检测
2	UT	超声波检测
3	MT	磁粉检测
4	PT	液体渗透检测
5	ET	涡流检测
6	AE	声发射检测

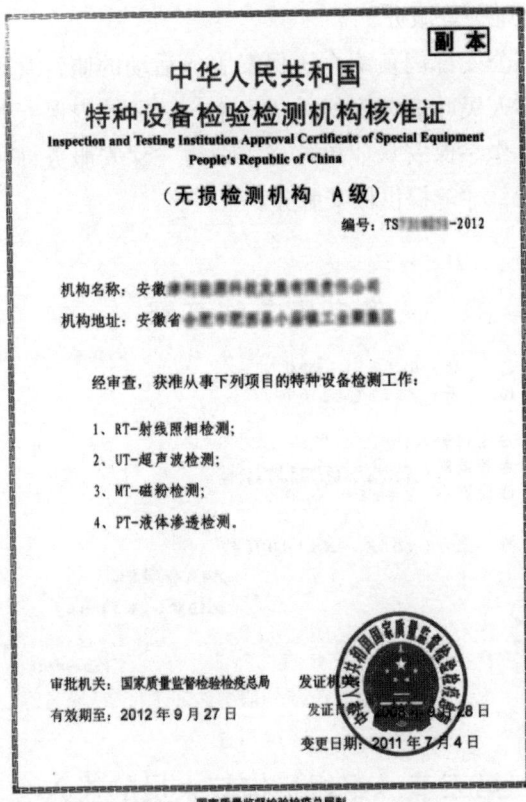

图 2-22　特种设备检验检测机构核准证（无损检测机构）

十六、保安服务许可证

保安服务是指：

（1）保安服务公司根据保安服务合同，派出保安员为客户单位提供的门卫、巡逻、守护、押运、随身护卫、安全检查以及安全技术防范、安全风险评估等服务。

（2）机关、团体、企业、事业单位招用人员从事的本单位门卫、巡逻、守护等安全防范工作。

（3）物业服务企业招用人员在物业管理区域内开展的门卫、

巡逻、秩序维护等服务。

国务院公安部门负责全国保安服务活动的监督管理工作。县级以上地方人民政府公安机关负责本行政区域内保安服务活动的监督管理工作。保安从业单位必须取得《保安服务许可证》，如图 2-23 所示，才能提供保安服务。

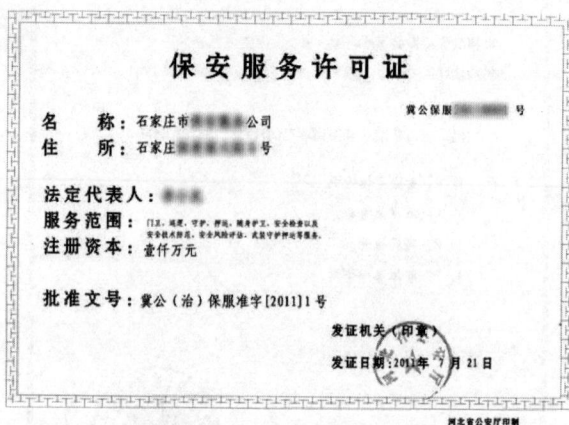

图 2-23　保安服务许可证

第三节　组织机构与人员的投入

电力企业应根据招标的项目性质、规模等，对承包商人员的资质、技能、业绩、数量等方面提出明确要求，这既是相关法规的要求，也是保证合同顺利实施的前提条件。施工单位的专职安全管理人员配备数量不得低于《建筑施工企业安全生产管理机构设置及专职安全生产管理人员配备办法》（建质〔2008〕91号）规定的数量。投标方的项目负责人、安全管理人员、技术服务人员等重要人员的资质、技能、业绩需体现在投标文件上，在评标时查验，其他专业技术人员、技能人员的资质在办理入厂手续时查验。需体现在投标文件上的人员资质及其法规依据、发证机构见表 2-16。

表 2-16 需体现在投标文件上的人员资质及其法规依据、发证机构

资质证书	法规依据	发证机构
注册建筑师	《中华人民共和国建筑法》 《中华人民共和国注册建筑师条例》（国务院令第184号） 《建设工程勘察设计管理条例》（国务院令第293号）	全国注册建筑师管理委员会 省级注册建筑师管理委员会
注册监理工程师	《中华人民共和国建筑法》 《建设工程质量管理条例》（国务院令第279号） 《注册监理工程师管理规定》（建设部令2006年第147号）	住房和城乡建设部 人力资源和社会保障部
勘察设计注册工程师	《中华人民共和国建筑法》 《建设工程勘察设计管理条例》（国务院令第293号） 《勘察设计注册工程师管理规定》（建设部令2005年第137号）	
注册建造师	《中华人民共和国建筑法》 《注册建造师管理规定》（建设部令2006年第153号）	
小型项目管理师	《关于发布〈注册建造师执业管理办法〉（试行）的通知》（建市〔2008〕48号）	住房和城乡建设厅
注册消防工程师	《中华人民共和国消防法》 《注册消防工程师管理规定》（公安部令第143号）	公安部 应急管理部 人力资源和社会保障部
建筑施工三类人员安全生产考核合格证书	《建筑施工企业主要负责人、项目负责人和专职安全生产管理人员安全生产管理规定》（住房和城乡建设部令第17号）	住房和城乡建设部
注册安全工程师	《中华人民共和国安全生产法》 《注册安全工程师执业资格制度暂行规定》（人发〔2002〕87号）	应急管理部 人力资源和社会保障部
安全培训合格证	《中华人民共和国安全生产法》	
安全评价师	安全评价师国家职业标准（试行）	中国安全生产协会 人力资源和社会保障部
环境影响评价工程师	《建设项目环境保护管理条例》（国务院令第253号） 《环境影响评价工程师职业资格制度暂行规定》（国人部发〔2004〕13号）	生态环境部 人力资源和社会保障部

一、注册建筑师

根据《中华人民共和国注册建筑师条例实施细则》（建设部令第 167 号），注册建筑师是指经考试、特许、考核认定取得中华人民共和国注册建筑师执业资格证书，或者经资格互认方式取得建筑师互认资格证书，并按照此细则注册，取得中华人民共和国注册建筑师注册证书（如图 2-24 所示）和中华人民共和国注册建筑师执业印章，从事建筑设计及相关业务活动的专业技术人员。未取得注册证书和执业印章的人员，不得以注册建筑师的名义从事建筑设计及相关业务活动。

取得资格证书的人员，应当受聘于中华人民共和国境内的一个建设工程勘察、设计、施工、监理、招标代理、造价咨询、施工图审查、城乡规划编制等单位，经注册后方可从事相应的执业活动。从事建筑工程设计执业活动的，应当受聘并注册于中华人民共和国境内一个具有工程设计资质的单位。

注册建筑师的执业范围具体为：

（1）建筑设计；

（2）建筑设计技术咨询；

（3）建筑物调查与鉴定；

（4）对本人主持设计的项目进行施工指导和监督；

（5）国务院建设主管部门规定的其他业务。

建筑设计技术咨询包括建筑工程技术咨询，建筑工程招标、采购咨询，建筑工程项目管理，建筑工程设计文件及施工图审查，工程质量评估，以及国务院建设主管部门规定的其他建筑技术咨询业务。

一级注册建筑师的执业范围不受工程项目规模和工程复杂程度的限制。二级注册建筑师的执业范围只限于承担工程设计资质标准中建设项目设计规模划分表中规定的小型规模的项目。

注册建筑师的执业范围不得超越其聘用单位的业务范围。注册建筑师的执业范围与其聘用单位的业务范围不符时，个人执业范围服从聘用单位的业务范围。

注册建筑师所在单位承担民用建筑设计项目，应当由注册建筑师任工程项目设计主持人或设计总负责人；工业建筑设计项目，须由注册建筑师任工程项目建筑专业负责人。

图 2-24　注册建筑师注册证书

二、注册监理工程师

根据《注册监理工程师管理规定》（建设部令第 147 号），注册监理工程师，是指经考试取得中华人民共和国监理工程师资格证书，并按照此规定注册，取得中华人民共和国注册监理工程师注册执业证书（如图 2-25 所示）和执业印章，从事工程监理及相关业务活动的专业技术人员。未取得注册证书和执业印章的人员，不得以注册监理工程师的名义从事工程监理及相关业务活动。

注册监理工程师依据其所学专业、工作经历、工程业绩，按照《工程监理企业资质管理规定》（建设部令第 158 号）划分的工程类别，按专业注册。取得资格证书的人员，应当受聘于一个具有建设工程勘察、设计、施工、监理、招标代理、造价咨询等一项或者多项资质的单位，经注册后方可从事相应的执业活动。从事工程监理执业活动的，应当受聘并注册于一个具有工程监理资质的单位。

注册监理工程师可以从事工程监理、工程经济与技术咨询、工程招标与采购咨询、工程项目管理服务以及国务院有关部门规定的其他业务。

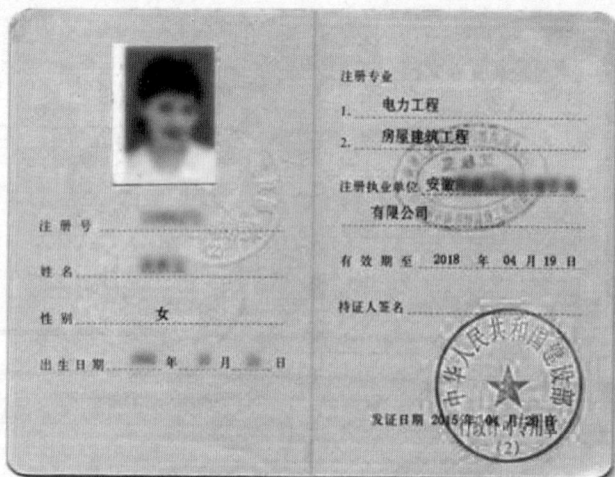

图 2-25　注册监理工程师注册执业证书

三、勘察设计注册工程师

根据《勘察设计注册工程师管理规定》（建设部令第 147 号），注册工程师，是指经考试取得中华人民共和国注册工程师资格证书（如图 2-26 所示），并按照此规定注册，取得中华人民共和国注册工程师注册执业证书（以下简称注册证书）和执业印章，从事建设工程勘察、设计及有关业务活动的专业技术人员。

未取得注册证书及执业印章的人员，不得以注册工程师的名义从事建设工程勘察、设计及有关业务活动。

取得资格证书的人员，应受聘于一个具有建设工程勘察、设计、施工、监理、招标代理、造价咨询等一项或多项资质的单位，经注册后方可从事相应的执业活动。但从事建设工程勘察、设计执业活动的，应受聘并注册于一个具有建设工程勘察、设计资质的单位。

注册工程师的执业范围：

（1）工程勘察或者本专业工程设计；

（2）本专业工程技术咨询；

（3）本专业工程招标、采购咨询；

（4）本专业工程的项目管理；

（5）对工程勘察或者本专业工程设计项目的施工进行指导和监督；

（6）国务院有关部门规定的其他业务。

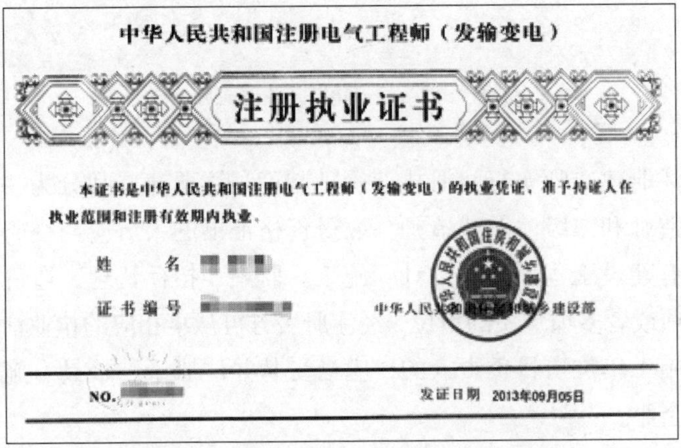

图 2-26 勘察设计注册工程师注册执业证书

四、注册建造师

根据《注册建造师管理规定》（建设部令第 153 号），注册建造师是指通过考核认定或考试合格取得中华人民共和国建造师资格证书（如图 2-27 所示），并按照此规定注册，取得中华人民共和国建造师注册证书和执业印章，担任施工单位项目负责人及从事相关活动的专业技术人员。未取得注册证书和执业印章的，不得担任大中型建设工程项目的施工单位项目负责人，不得以注册建造师的名义从事相关活动。

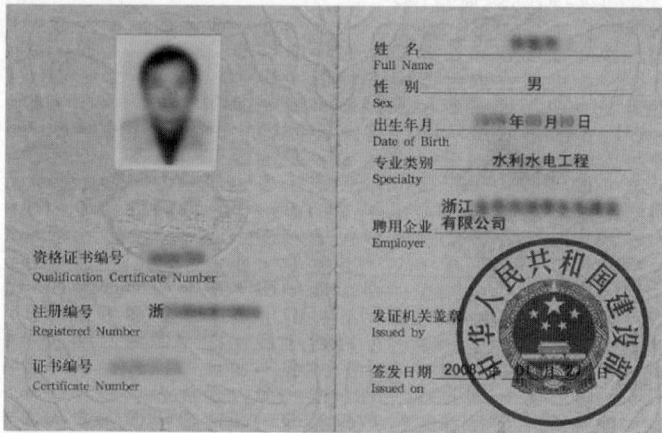

图 2-27　注册建造师注册证书

注册建造师实行注册执业管理制度，注册建造师分为一级注册建造师和二级注册建造师。取得资格证书的人员应当受聘于一个具有建设工程勘察、设计、施工、监理、招标代理、造价咨询等一项或者多项资质的单位，经注册后方可从事相应的执业活动。担任施工单位项目负责人的，应当受聘并注册于一个具有施工资质的企业。

注册建造师的执业工程规模按照《注册建造师执业工程规模标准（试行）》（建市〔2007〕171号）执行。注册建造师不得同时在两个及两个以上的建设工程项目上担任施工单位项目负责人。注册建造师可以从事建设工程项目总承包管理或施工管理，建设工程项目管理服务，建设工程技术经济咨询，以及法律、行政法规和国务院建设主管部门规定的其他业务。

根据《注册建造师执业管理办法（试行）》（建市〔2008〕

48号），注册建造师应当在其注册证书所注明的专业范围内从事建设工程施工管理活动，具体执业按照《注册建造师执业工程范围》执行。未列入或新增工程范围由国务院建设主管部门会同国务院有关部门另行规定。

大中型工程施工项目负责人必须由本专业注册建造师担任。一级注册建造师可担任大、中、小型工程施工项目负责人，二级注册建造师可以承担中、小型工程施工项目负责人。各专业大、中、小型工程分类标准按《注册建造师执业工程规模标准（试行）》（建市〔2007〕171号）执行。小型工程施工项目负责人任职条件和小型工程管理办法由各省、自治区、直辖市人民政府建设行政主管部门会同有关部门根据本地实际情况规定。

电力企业相关的注册建造师执业工程范围及工程规模标准分别见表2-17至表2-19。

表 2-17 注册建造师执业工程范围（电力企业相关）

注册专业	工程范围
建筑工程	房屋建筑、装饰装修、地基与基础、土石方、建筑装修装饰、建筑幕墙、预拌商品混凝土、混凝土预制构件、钢结构、高耸建筑物、电梯安装、消防设施、建筑防水、防腐保温、附着升降脚手架、金属门窗、预应力、爆破与拆除、建筑智能化、特种专业
水利水电工程	水利水电、土石方、地基与基础、预拌商品混凝土、混凝土预制构件、钢结构、建筑防水、消防设施、起重设备安装、爆破与拆除、水工建筑物基础处理、水利水电金属结构制作与安装、水利水电机电设备安装、河湖整治、堤防、水工大坝、水工隧洞、送变电、管道、无损检测、特种专业
机电工程	机电、电力、钢结构、电梯安装、消防设施、防腐保温、起重设备安装、机电设备安装、建筑智能化、环保、电子、仪表安装、火电设备安装、送变电、核工业、管道安装、管道、无损检测、净化、特种专业

表2-18　注册建造师执业工程规模标准（电力工程）

序号	工程类别	项目名称	单位	大型	中型	小型
1	电力工程 火电机组（含燃气发电机组）	主厂房建筑	kW	30万kW及以上主厂房建筑工程	10万~30万kW机组建筑工程	10万kW以下机组建筑工程
		烟囱	kW	30万kW及以上主机组烟囱工程	10万~30万kW机组烟囱工程	10万kW以下机组烟囱工程
		冷却塔	kW	30万kW及以上主机组冷却塔工程	10万~30万kW机组冷却塔工程	10万kW以下机组冷却塔工程
		机组安装	kW	30万kW及以上机组安装工程	10万~30万kW及以上机组安装工程	10万kW以下机组安装工程
		锅炉安装	kW	30万kW及以上机组锅炉安装工程	10万~30万kW机组锅炉安装工程	10万kW以下机组锅炉安装工程
		汽轮发电机安装	kW	30万kW及以上机组汽轮机安装工程	10万~30万kW机组汽轮机安装工程	10万kW以下机组汽轮机安装工程
		升压站	kW	30万kW及以上机组升压站工程	20万kW及以上机组升压站工程	20万kW以下机组升压站工程
		环保工程	kW	30万kW及以上机组环保工程	20万kW及以上机组环保工程	20万kW以下机组环保工程
		附属工程	kW	30万kW及以上机组附属工程	20万kW及以上机组附属工程	20万kW以下机组附属工程
		消防	kW	30万kW及以上机组消防工程	10万~30万kW机组消防工程	10万kW以下机组消防工程
		单项工程合同额	万元	1000万元及以上的发电工程	500万~1000万元的发电工程	500万元以下的发电工程
2	送变电	送电线路	kV	330kV及以上或220kV30km及以上送电线路工程	220kV30km以下送电线路工程	110kV及以下送电线路工程
		变电站	kV	330kV及以上变电站	220kV变电站	110kV以下变电站
		电力电缆	kV	220kV及以上电缆工程	110kV电缆工程	110kV以下电缆工程
		单项工程合同额	万元	800万元及以上的送变电工程	400万~800万元的送变电工程	400万元以下的送变电工程
3	核电	升压站安装工程	kW	30万kW及以上机组升压站工程	10万~30万kW以下机组升压站工程	10万kW以下机组升压站工程
		常规岛工程	kW	30万kW及以上机组常规岛安装工程	30万kW以下机组常规岛安装工程	10万kW以下机组常规岛安装工程
		附属工程	kW	30万kW及以上机组附属安装工程	10万~30万kW机组附属安装工程	10万kW以下机组附属安装工程
		单项工程合同额	万元	1000万元及以上核电工程	500万~1000万元核电工程	500万元以下核电工程
4	风电	单项工程合同额	万元	600万元及以上风电工程	400万~600万元风电工程	400万元以下风电工程

表2-19　注册建造师执业工程规模标准（水利水电工程）

工程类别	项目名称	单位	规模			备注
			大型	中型	小型	
发电工程		10^4kW	≥ 30	30~1	< 1	装机容量
	主要建筑物工程（包括大坝、隧洞、溢洪道、电站厂房、船闸等）	级	1、2	3、4	5	建筑物级别
	次要建筑物工程	级		3、4	5	建筑物级别
	临时建筑物工程	级		3、4	5	建筑物级别
	基础处理工程	级	1、2	3、4	5	相应建筑物级别
	金属结构制作与安装工程	级	1、2	3、4	5	相应建筑物级别
	机电设备安装工程	级	1、2	3、4	5	相应建筑物级别

五、注册消防工程师

根据《注册消防工程师管理规定》（公安部令第143号），注册消防工程师，是指取得相应级别注册消防工程师资格证书（如图2-28所示）并依法注册后，从事消防设施维护保养检测、消防安全评估和消防安全管理等工作的专业技术人员。

注册消防工程师实行注册执业管理制度。注册消防工程师分为一级注册消防工程师和二级注册消防工程师。

一级注册消防工程师可以在全国范围内执业，执业范围包括：

（1）消防技术咨询与消防安全评估；

（2）消防安全管理与消防技术培训；

（3）消防设施维护保养检测（含灭火器维修）；

（4）消防安全监测与检查；

（5）火灾事故技术分析；

（6）公安部或者省级公安机关规定的其他消防安全技术工作。

二级注册消防工程师可以在注册所在省、自治区、直辖市范围内执业，执业范围包括：

（1）除100m以上公共建筑、大型的人员密集场所、大型的危险化学品单位外的火灾高危单位消防安全评估；

（2）除250m以上公共建筑、大型的危险化学品单位外的消防安全管理；

（3）单体建筑面积4万 m² 以下建筑的消防设施维护保养检测（含灭火器维修）；

（4）消防安全监测与检查；

（5）公安部或者省级公安机关规定的其他消防安全技术工作。

省级公安机关消防机构应当结合实际，根据上款规定确定本地区二级注册消防工程师的具体执业范围。

注册消防工程师的执业范围应当与其聘用单位业务范围和本人注册级别相符合，本人的执业范围不得超越其聘用单位的业务范围。

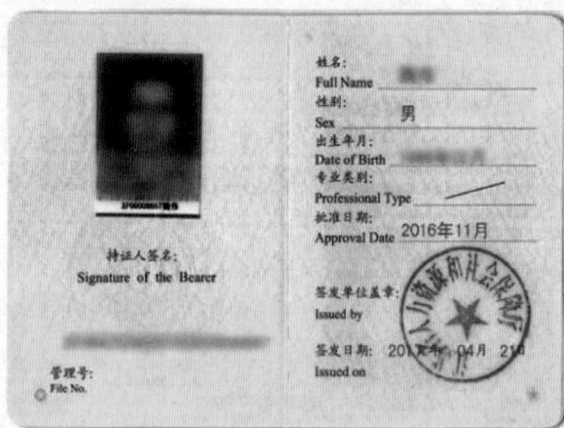

图 2-28　注册消防工程师资格证书

六、安全培训合格证书

取得安全培训合格证书（如图 2-29 所示）是对承包商项目经理和安全员的最基本要求，电力企业还要求了相关人员的工作业绩，并对其进行面试。

《安全生产法》第二十四条第一款规定：生产经营单位的主要负责人和安全生产管理人员必须具备与本单位所从事的生产经营活动相应的安全生产知识和管理能力。

《生产经营单位安全培训规定》（安监总局令第 3 号）第二章详细要求了主要负责人、安全生产管理人员的安全培训相关事项。

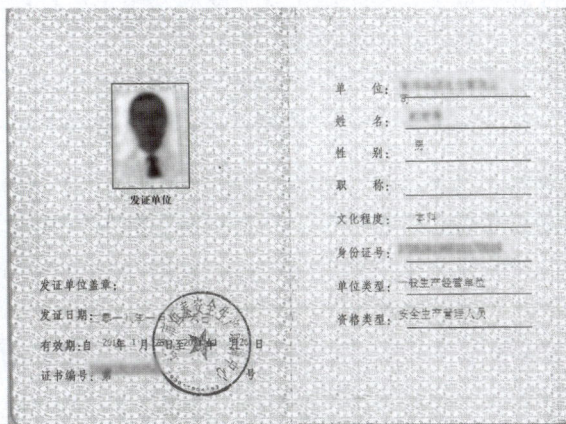

图 2-29　安全培训合格证书

七、建筑施工企业三类人员安全生产考核合格证书

《安全生产法》第二十四条第二款规定：危险物品的生产、经营、储存单位以及矿山、金属冶炼、建筑施工、道路运输单位的主要负责人和安全生产管理人员，应当由主管的负有安全生产监督管理职责的部门对其安全生产知识和管理能力考核合格。考核不得收费。

根据《建筑施工企业主要负责人、项目负责人和专职安全生产管理人员安全生产管理规定》（建设部令第 17 号），企业主要负责人，是指对本企业生产经营活动和安全生产工作具有决策权的领导人员；项目负责人，是指取得相应注册执业资格，由企业法定代表人授权，负责具体工程项目管理的人员；专职安全生产管理人员，是指在企业专职从事安全生产管理工作的人员，包括企业安全生产管理机构的人员和工程项目专职从事安全生产管理工作的人员。

根据《建筑施工企业主要负责人、项目负责人和专职安全生产管理人员安全生产管理规定实施意见》（建质〔2015〕206号），建筑施工企业主要负责人应取得 A 类证书，建筑施工企业项目负责人应取得 B 类证书，建筑施工企业专职安全生产管理人员应取得 C 类证书。合格证书样式如图 2-30 所示。

专职安全生产管理人员分为机械、土建、综合三类。机械类专职安全生产管理人员（C1）可以从事起重机械、土石方机械、桩工机械等安全生产管理工作；土建类专职安全生产管理人员（C2）可以从事除起重机械、土石方机械、桩工机械等安全生产管理工作以外的安全生产管理工作；综合类专职安全生产管理人员（C3）可以从事全部安全生产管理工作。

电力企业的施工招标必须要求建筑施工企业的项目负责人应取得 B 类证书，专职安全生产管理人员应取得 C 类证书，并要求工作业绩，进行面试。

图 2-30　建筑施工企业三类人员安全生产考核合格证书

八、注册安全工程师

《安全生产法》第二十四条第三款规定： 危险物品的生产、储存单位以及矿山、金属冶炼单位应当有注册安全工程师从事安全生产管理工作。鼓励其他生产经营单位聘用注册安全工程师从事安全生产管理工作。注册安全工程师按专业分类管理，具体办法由国务院人力资源和社会保障部门、国务院安全生产监督管理部门会同国务院有关部门制定。

根据《注册安全工程师管理规定》（安监总局令第11号），注册安全工程师是指取得中华人民共和国注册安全工程师执业资格证书（如图2-31所示），在生产经营单位从事安全生产管理、安全技术工作或者在安全生产中介机构从事安全生产专业服务工作，并按照此规定注册取得中华人民共和国注册安全工程师执业证和执业印章的人员。

注册安全工程师的执业范围包括：

（1）安全生产管理；

（2）安全生产检查；

（3）安全评价或者安全评估；

（4）安全检测检验；

（5）安全生产技术咨询、服务；

（6）安全生产教育和培训；

（7）法律、法规规定的其他安全生产技术服务。

根据《关于印发〈注册安全工程师分类管理办法〉的通知》（安监总人事〔2017〕118号），注册安全工程师专业类别划分为煤矿安全、金属非金属矿山安全、化工安全、金属冶炼安全、建筑施工安全、道路运输安全、其他安全（不包括消防安全）。相应级别设置为高级、中级、初级（助理）。注册安全工程师可在相应行业领域生产经营单位和安全评价检测等安全生产专业服务机构中执业。

在安全管理人员证和建筑施工企业三类人员安全生产考核合格证书的基础上，可以要求专职安全生产管理人员、安全监理等取得注册安全工程师证书。

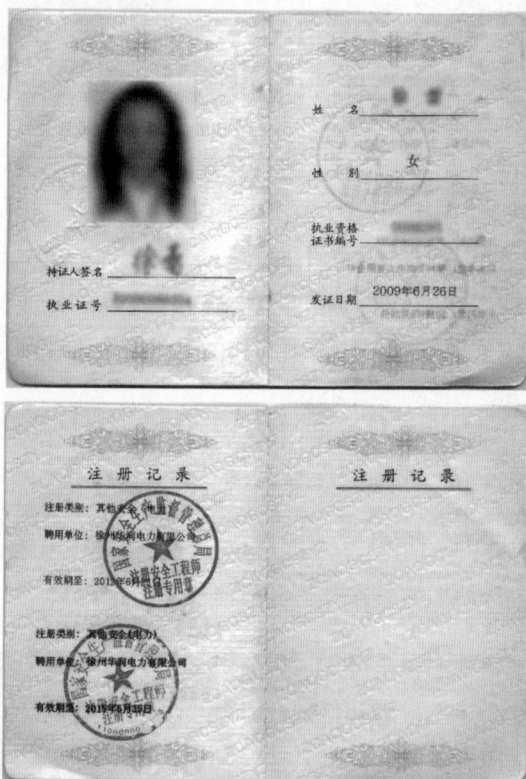

图 2-31　注册安全工程师执业证

九、环境影响评价工程师

根据《环境影响评价工程师职业资格制度暂行规定》（国人部发〔2004〕13 号），环境影响评价工程师，是指取得《中华人民共和国环境影响评价工程师职业资格证书》（如图 2-32 所示），并经登记后，从事环境影响评价工作的专业技术人员。

环境影响评价工程师应在具有环境影响评价资质的单位中，以该单位的名义接受环境影响评价委托业务。

环境影响评价工程师可主持进行下列工作：

（1）环境影响评价；

（2）环境影响后评价；

（3）环境影响技术评估；

（4）环境保护验收。

环境影响评价工程师的专业类别分为 11 类，见表 2-20。环境影响评价工程师可根据自身专业能力和特长，选择确定其中一个类别作为本人的专业类别。

表 2-20　环境影响评价工程师专业类别划分

序号	专业类别	序号	专业类别
1	轻工纺织化纤	7	交通运输
2	化工石化医药	8	社会服务
3	冶金机电	9	海洋工程
4	建材火电	10	输变电及广电通讯
5	农林水利	11	核工业
6	采掘		

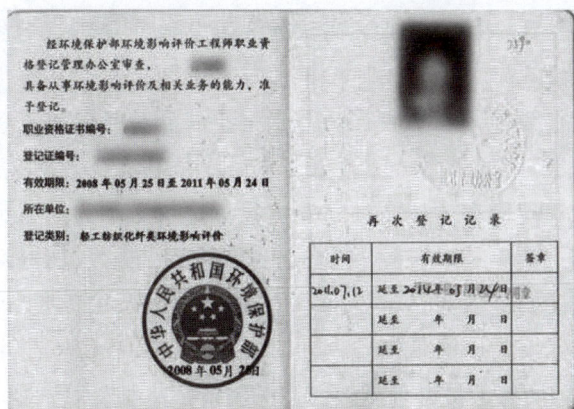

图 2-32　环境影响评价工程师执业证

十、人员的保险

《安全生产法》第四十八条规定：生产经营单位必须依法参加工伤保险，为从业人员缴纳保险费。

国家鼓励生产经营单位投保安全生产责任保险。

《建筑法》第四十八规定：建筑施工企业应当依法为职工参加工伤保险缴纳工伤保险费。鼓励企业为从事危险作业的职工办理意外伤害保险，支付保险费。

《建设工程安全生产管理条例》第三十八条规定：施工单位应当为施工现场从事危险作业的人员办理意外伤害保险。

意外伤害保险费由施工单位支付。实行施工总承包的，由总承包单位支付意外伤害保险费。意外伤害保险期限自建设工程开工之日起至竣工验收合格止。

《安全生产责任保险实施办法》第六条规定：煤矿、非煤矿山、危险化学品、烟花爆竹、交通运输、建筑施工、民用爆炸物品、金属冶炼、渔业生产等高危行业领域的生产经营单位应当投保安全生产责任保险。鼓励其他行业领域生产经营单位投保安全生产责任保险。各地区可针对本地区安全生产特点，明确应当投保的生产经营单位。

对存在高危粉尘作业、高毒作业或其他严重职业病危害的生产经营单位，可以投保职业病相关保险。

对生产经营单位已投保的与安全生产相关的其他险种，应当增加或将其调整为安全生产责任保险，增强事故预防功能。

业主单位应在招标文件里要求投标单位必须为项目负责人、安全管理人员、技术服务人员等重要人员缴纳含工伤保险的社会保险，以证明这些人员是投标单位的正式员工，有利于评价投标单位的技术实力，降低风险。同时要求承包商投保安全生产责任保险，并为所有人员办理意外伤害保险，在办理入厂手续时查验。这三个保险只有安全生产责任保险作为安全投入，在安全生产费用中列支。

十一、人员的体检

《职业病防治法》第三十五条规定：对从事接触职业病危害的作业的劳动者，用人单位应当按照国务院安全生产监督管理部门、卫生行政部门的规定组织上岗前、在岗期间和离岗时的职业健康检查，并将检查结果书面告知劳动者。职业健康检查费用由用人单位承担。

用人单位不得安排未经上岗前职业健康检查的劳动者从事接触职业病危害的作业；不得安排有职业禁忌的劳动者从事其所禁忌的作业；对在职业健康检查中发现有与所从事的职业相关的健康损害的劳动者，应当调离原工作岗位，并妥善安置；对未进行离岗前职业健康检查的劳动者不得解除或者终止与其订立的劳动合同。

第三十六条规定：用人单位应当为劳动者建立职业健康监护档案，并按照规定的期限妥善保存。

职业健康监护档案应当包括劳动者的职业史、职业病危害接触史、职业健康检查结果和职业病诊疗等有关个人健康资料。

承包商人员流动性很大，人员身体健康状况如何，有没有岗位禁忌症，承包商单位和电力企业了解并不全面。如果入厂时不进行职业病体检，既是对其健康不负责任，也给企业带来安全风险。电力企业应当在招标文件中要求承包商在人员入厂时提供上岗前职业病体检报告。如果承包商人员在电力企业工作超过一年，应每年进行一次在岗期间职业病体检，离岗时进行一次职业病体检，并提供体检报告。职业病检查项目及岗位禁忌症应遵守 DL/T 325—2010《电力行业职业健康监护技术规范》。电力行业作业场所接触职业性有害因素主要工种（岗位）见表 2-21。

体检职业病体检费作为安全投入，在安全生产费用中列支。

表 2-21　电力行业作业场所接触职业性有害因素主要工种（岗位）

类别	职业性有害因素名称	工种（岗位）举例
粉尘	（1）矽尘	发电企业：锅炉检修或运行，除灰除尘、脱硫、脱硝设备检修或运行，灰水运行，水轮机检修等 电建施工企业：凿岩作业、除渣作业、喷锚作业、破碎筛分作业、拌和作业、爆破作业、灌浆作业等
	（2）煤尘	输煤场燃料卸储作业，燃料检修或运行，锅炉检修或运行，除尘除灰、脱硫、脱硝设备检修或运行等
	（3）石棉尘	保温材料施工、检修等
	（4）其他粉尘（电焊烟尘、铸造粉尘、水泥尘等）	电网企业：电焊作业等； 发电企业：电焊作业、灰水检修、钻探灌浆、水工维护等； 电建施工企业：电焊作业、拌和作业、灌浆作业等 其他电力企业：铸锻、翻砂、切割、喷砂除锈、金属结构制作等
有毒化学因素	（1）氨	化学、环保检测；化学、脱硝检修，拌和楼制冷等
	（2）苯、甲苯和二甲苯	化学、环保检测；检修类工种；油漆工等
	（3）氮氧化物	锅炉、化学、除尘、脱硫、脱硝检修，爆破作业，隧洞开挖等
	（4）二氧化硫	锅炉、化学、除尘、脱硫、脱硝检修等
	（5）氟及其无机氟化物（如六氟化硫）	发电企业：化学、环保检测，电气试验，废水处理，电气检修等； 电网企业：油务化验、电气试验、变电检修等
	（6）铬及其化合物	化学、环保检测，废水处理检修，电焊作业等
	（7）甲醛	化验，检修，油漆工等
	（8）硫化氢废水处理	检修，地下管道维修等密闭空间作业
	（9）氯气	化学，检修，化验，继电保护，电机配电维修等
	（10）锰及其化合物	化学、环保检测，废水处理检修，电焊作业等
	（11）汽油	化学化验，油库值班，汽车驾驶等
	（12）铅	化学、环保检测，废水处理检修，变电检修（铅酸蓄电池）等
	（13）一氧化碳	锅炉、化学、除尘、脱硫、脱硝检修等密闭空间作业

续表

类别	职业性有害因素名称	工种（岗位）举例
有害物理因素	（1）噪声	发电企业：汽轮机、锅炉、电气、热工、燃料、化学、灰水、脱硫、脱硝检修等； 电建施工企业：砂石生产皮带运输，破碎筛分、制砂等作业，凿岩作业，拌和楼作业，机械作业等； 其他电力企业；精工作业、铸造作业等
	（2）振动	碾压、手风钻等作业
	（3）高温	发电企业：汽轮机、锅炉、电气、热工、燃料、化学、灰水、脱硫、脱硝试验和检修等； 电网企业：线路巡检、输变电检修等作业； 其他电力企业：夏季野外露天作业各工种、密闭空间作业等
	（4）紫外线	夏季野外露天巡检作业、电焊作业等
	（5）高气压	潜水作业等
	（6）低气压	海拔3000m以上电力作业岗位
	（7）微波	微波通信检修或运行等
	（8）电离辐射（X或γ射线）	医用X线机操作，金属探伤试验，射线料位计巡检等
	（9）视屏	发电企业：集控运行等； 电网企业：集控运行、电力调度、监控中心、客服中心等

第四节　保障安健环的物质投入

上节阐述了安全生产保障在组织机构和人员的投入，本节阐述保障安健环的物质投入，主要包括安全健康警示标志、劳动防护用品、施工机具、检测装置、消防产品以及安全文明生产设施等。对此电力企业一定要给予重视，并在招标文件中详细要求，在入厂、现场环节检查到位。

一、安全健康警示标志

《安全生产法》第三十二条规定：生产经营单位应当在有较大危险因素的生产经营场所和有关设施、设备上，设置明显的安全警示标志。

《职业病防治法》第二十二条第三款规定：对产生严重职业病危害的作业岗位，应当在其醒目位置，设置警示标识和中文警示说明。警示说明应当载明产生职业病危害的种类、后果、预防以及应急救治措施等内容。

《电力建设工程施工安全监督管理办法》第二十七条规定：施工单位应当对因电力建设工程施工可能造成损害和影响的毗邻建筑物、构筑物、地下管线、架空线缆、设施及周边环境采取专项防护措施。对施工现场出入口、通道口、孔洞口、邻近带电区、易燃易爆及危险化学品存放处等危险区域和部位采取防护措施并设置明显的安全警示标志。

《电力行业职业健康监护技术规范》（DL/T 325—2010）规定：电力企业直接接触职业性有害因素的劳动者和有特殊健康要求的特殊作业人员，都应接受职业健康监护。对非直接从事职业性有害因素作业，但在工作中同样接触的人员，应视同职业性接触，需接受职业健康监护。

电力企业和承包商最容易忽视安全健康警示标志的设置，在施工现场经常看到自行打印的警示标志和自制的文字警示，这不符合《安全生产法》和《职业病防治法》的规定，应引起电力企业的重视。根据 GB 2894《安全标志及其使用导则》、GBZ 158《工作场所职业病危害警示标识》等标准，在风险辨识的基础上配置。

二、劳动防护用品

《安全生产法》第四十二条规定：生产经营单位必须为从业人员提供符合国家标准或者行业标准的劳动防护用品，并监督、教育从业人员按照使用规则佩戴、使用。

《**职业病防治法**》第二十二条规定：用人单位必须采用有效的职业病防护设施，并为劳动者提供个人使用的职业病防护用品。

用人单位为劳动者个人提供的职业病防护用品必须符合防治职业病的要求；不符合要求的，不得使用。

劳动防护用品是保障人员安全、健康的最基本装备，分为特种劳动防护用品和一般劳动防护用品。特种劳动防护用品实施工业产品生产许可证管理，由省级人民政府质量技术监督部门（市场监督管理部门）实施，有产品合格证、工业产品生产许可证，见表2-22；一般劳动防护用品有产品合格证即可。

表 2-22 实施工业产品生产许可证管理的特种劳动防护用品目录

头部防护用品	安全帽
呼吸防护用品	自吸过滤式防毒面具
	长管呼吸器
	自给开路式压缩空气呼吸器
	自吸过滤式防颗粒物呼吸器
	动力送风过滤式呼吸器
眼面部防护用品	焊接眼面防护具
	防冲击眼护具
手部防护用品	耐酸（碱）手套
	带电作业用绝缘手套
	耐油手套
	浸塑手套
躯干防护用品	阻燃服
	防静电服
	防静电毛针织服
	酸碱类化学品防护服

头部防护用品	安全帽
	防静电鞋
	导电鞋
	保护足趾安全 / 防护鞋
	防刺穿鞋
	电绝缘鞋
足部防护用品	耐化学品靴
	耐油防护鞋
	防寒鞋
	耐热鞋
	矿工安全靴
	多功能安全 / 防护鞋
	安全带
	座板式单人吊具
坠落防护用品	自锁器
	速差自控器
	安全网

1. 不同工作条件下劳动防护用品的选择

劳动防护用品配备是否齐全，质量是否可靠，是承包商安健环投入和管理水平的体现。自主管理差的承包商对此能省则省，没有统一、合格的工作服、工作鞋，安全帽、安全带质低价廉，口罩、护耳器几乎没有，无法保障人身安全健康。规范的做法是，用人单位按照识别、评价、选择的程序，结合劳动者作业方式和工作条件，并考虑其个人特点及劳动强度，选择防护功能和效果适用的劳动防护用品：

（1）接触粉尘、有毒、有害物质的劳动者应当根据不同粉尘种类、粉尘浓度及游离二氧化硅含量和毒物的种类及浓度配备相应的呼吸器、防护服、防护手套和防护鞋等，具体参照《呼吸防护用品自吸过滤式防颗粒物呼吸器》（GB 2626）、《呼吸防护用品的选择、使用及维护》（GB/T 18664）、《防护服装化学防护服的选择、使用和维护》（GB/T 24536）、《手部防护防护手套的选择、使用和维护指南》（GB/T 29512）和《个体防护装备足部防护鞋（靴）的选择、使用和维护指南》（GB/T 28409）等标准执行。

（2）接触噪声的劳动者，当暴露于 $80dB \leqslant L_{EX,8h}$（8h 等效噪声）$< 85dB$ 的工作场所时，用人单位应当根据需求为其配备适用的护听器；当劳动者暴露于 $L_{EX,8h} \geqslant 85dB$ 的工作场所时，用人单位必须为其配备适用的护听器，并指导劳动者正确佩戴和使用，具体参照《护听器的选择指南》（GB/T 23466）执行。

（3）工作场所中存在电离辐射危害的，经危害评价确认劳动者需佩戴劳动防护用品的，用人单位应参照电离辐射的相关标准及《个体防护装备配备基本要求》（GB/T 29510）为劳动者配备劳动防护用品，并指导劳动者正确佩戴和使用。

（4）对从事存在物体坠落、碎屑飞溅、转动机械和锋利器具等作业的劳动者，用人单位应参照《个体防护装备选用规范》（GB/T 11651）、《头部防护安全帽选用规范》（GB/T 30041）和《坠落防护装备安全使用规范》（GB/T 23468），为其配备适用的劳动防护用品。

2.劳动防护用品配备的要求

（1）同一工作地点存在不同种类的危险、有害因素的，应当为劳动者同时提供防御各类危害的劳动防护用品。需要同时配备的劳动防护用品，还应考虑其可兼容性。

（2）劳动者在不同地点工作，并接触不同的危险、有害因素，或接触不同的危害程度的有害因素的，为其选配的劳动防护用品应满足不同工作地点的防护需求。

（3）劳动防护用品的选择还应当考虑其佩戴的合适性和基本舒适性，根据个人特点和需求选择适合号型、式样。

（4）用人单位应当在可能发生急性职业损伤的有毒、有害工作场所配备应急劳动防护用品，放置于现场临近位置并有醒目标识。

（5）用人单位应当为巡检等流动性作业的劳动者配备随身携带的个人应急防护用品。

三、施工机具、检测装置、消防产品

《职业病防治法》第二十五条规定：对可能发生急性职业损伤的有毒、有害工作场所，用人单位应当设置报警装置，配置现场急救用品、冲洗设备、应急撤离通道和必要的泄险区。

《建设工程安全生产管理条例》第三十四条规定：施工单位采购、租赁的安全防护用具、机械设备、施工机具及配件，应当具有生产（制造）许可证、产品合格证，并在进入施工现场前进行查验。

《电力建设工程施工安全监督管理办法》第二十八条规定：施工单位应当制定用火、用电、易燃易爆材料使用等消防安全管理制度，确定消防安全责任人，按规定设置消防通道、消防水源，配备消防设施和灭火器材。

第二十九条规定：施工单位应当按照国家有关规定采购、租赁、验收、检测、发放、使用、维护和管理施工机械、特种设备，建立施工设备安全管理制度、安全操作规程及相应的管理台账和维保记录档案。

施工单位使用的特种设备应当是取得许可生产并经检验合格的特种设备。特种设备的登记标志、检测合格标志应当置于该特种设备的显著位置。

安装、改造、修理特种设备的单位，应当具有国家规定的相应资质，在施工前按规定履行告知手续，施工过程按照相关规定接受监督检验。

（1）可能导致安全事故的施工机具主要分为施工机械、起重工器具、电气工器具、气动工器具、绝缘安全工器具等。施工机

械中的特种设备需要特种设备检验检测机构出具安全检验合格证，并办理特种设备使用登记证；其他工器具需要有产品合格证、工业产品生产许可证。绝缘安全工器具属于强制检验，必须有资质检验单位出具检验报告，张贴检验合格证；其他工器具虽不属于强制检验，但需要有相应特种工用检验仪器进行检验，应在招标文件中要求由资质检验单位检验。

（2）常用的检测装置属于强制检验，必须有资质检验单位出具检验报告，张贴检验合格证，主要包括有毒有害气体、粉尘检测仪。

（3）常用的消防产品主要有消防水带、灭火器，这类产品要有产品合格证、3C认证和消防产品身份信息标志。

第五节　安全生产费用的投入

《安全生产法》第二十条规定：生产经营单位应当具备的安全生产条件所必需的资金投入，由生产经营单位的决策机构、主要负责人或者个人经营的投资人予以保证，并对由于安全生产所必需的资金投入不足导致的后果承担责任。

有关生产经营单位应当按照规定提取和使用安全生产费用，专门用于改善安全生产条件。安全生产费用在成本中据实列支。安全生产费用提取、使用和监督管理的具体办法由国务院财政部门会同国务院安全生产监督管理部门征求国务院有关部门意见后制定。

第四十四条规定：生产经营单位应当安排用于配备劳动防护用品、进行安全生产培训的经费。

《职业病防治法》第二十一条规定：用人单位应当保障职业病防治所需的资金投入，不得挤占、挪用，并对因资金投入不足导致的后果承担责任。

《建设工程安全生产管理条例》第二十二条规定：施工单位对列入建设工程概算的安全作业环境及安全施工措施所需费用，

应当用于施工安全防护用具及设施的采购和更新、安全施工措施的落实、安全生产条件的改善，不得挪作他用。

《电力建设工程施工安全监督管理办法》第八条规定：按照国家有关安全生产费用投入和使用管理规定，电力建设工程概算应当单独计列安全生产费用，不得在电力建设工程投标中列入竞争性报价。根据电力建设工程进展情况，及时、足额向参建单位支付安全生产费用。

第二十二条规定：施工单位应当按照国家有关规定计列和使用安全生产费用。应当编制安全生产费用使用计划，专款专用。

《企业安全生产费用提取和使用管理办法》（财企〔2012〕16号）第七条规定：建设工程施工企业以建筑安装工程造价为计提依据。各建设工程类别安全费用提取标准如下：

（一）矿山工程为 2.5%；

（二）房屋建筑工程、水利水电工程、电力工程、铁路工程、城市轨道交通工程为 2.0%；

（三）市政公用工程、冶炼工程、机电安装工程、化工石油工程、港口与航道工程、公路工程、通信工程为 1.5%。

建设工程施工企业提取的安全费用列入工程造价，在竞标时，不得删减，列入标外管理。国家对基本建设投资概算另有规定的，从其规定。

总包单位应当将安全费用按比例直接支付分包单位并监督使用，分包单位不再重复提取。

第十九条规定：建设工程施工企业安全费用应当按照以下范围使用：

（一）完善、改造和维护安全防护设施设备支出（不含"三同时"要求初期投入的安全设施），包括施工现场临时用电系统、洞口、临边、机械设备、高处作业防护、交叉作业防护、防火、防爆、防尘、防毒、防雷、防台风、防地质灾害、地下工程有害气体监测、通风、临时安全防护等设施设备支出；

（二）配备、维护、保养应急救援器材、设备支出和应急演练支出；

（三）开展重大危险源和事故隐患评估、监控和整改支出；

（四）安全生产检查、评价（不包括新建、改建、扩建项目安全评价）、咨询和标准化建设支出；

（五）配备和更新现场作业人员安全防护用品支出；

（六）安全生产宣传、教育、培训支出；

（七）安全生产适用的新技术、新标准、新工艺、新装备的推广应用支出；

（八）安全设施及特种设备检测检验支出；

（九）其他与安全生产直接相关的支出。

保障安全生产费用投入是保障安全的前提条件，由《企业安全生产费用提取和使用管理办法》可看出，上节阐述的保障安健环的物质投入均使用安全生产费用。另外，职业病体检费、安全生产责任保险也使用安全生产费用。电力企业必须按此办法，在招标前的立项阶段做好概预算，在招标文件中要求到位，在施工阶段支付及时，监督到位。

第六节　招标文件对分包单位的要求

《合同法》第二百七十二条第一款规定：发包人可以与总承包人订立建设工程合同，也可以分别与勘察人、设计人、施工人订立勘察、设计、施工承包合同。发包人不得将应当由一个承包人完成的建设工程肢解成若干部分发包给几个承包人。

《招标投标法》第三十条规定：投标人根据招标文件载明的项目实际情况，拟在中标后将中标项目的部分非主体、非关键性工作进行分包的，应当在投标文件中载明。

第四十八条规定： 中标人应当按照合同约定履行义务，完成中标项目。中标人不得向他人转让中标项目，也不得将中标项目肢解后分别向他人转让。

中标人按照合同约定或者经招标人同意，可以将中标项目的部分非主体、非关键性工作分包给他人完成。接受分包的人应当具备相应的资格条件，并不得再次分包。

《建筑法》第二十八条规定： 禁止承包单位将其承包的全部建筑工程转包给他人，禁止承包单位将其承包的全部建筑工程肢解以后以分包的名义分别转包给他人。

第二十九条规定： 建筑工程总承包单位可以将承包工程中的部分工程发包给具有相应资质条件的分包单位；但是，除总承包合同中约定的分包外，必须经建设单位认可。施工总承包的，建筑工程主体结构的施工必须由总承包单位自行完成。

禁止总承包单位将工程分包给不具备相应资质条件的单位。禁止分包单位将其承包的工程再分包。

《电力建设工程施工安全监督管理办法》第十二条规定： 建设单位应当履行工程分包管理责任，严禁施工单位转包和违法分包，将分包单位纳入工程安全管理体系，严禁以包代管。

第二十三条规定： 电力建设工程实行施工总承包的，由施工总承包单位对施工现场的安全生产负总责，具体包括：

（一）施工单位或施工总承包单位应当自行完成主体工程的施工，除可依法对劳务作业进行劳务分包外，不得对主体工程进行其他形式的施工分包；禁止任何形式的转包和违法分包。

（二）施工单位或施工总承包单位依法将主体工程以外项目进行专业分包的，分包单位必须具有相应资质和安全生产许可证，合同中应当明确双方在安全生产方面的权利和义务。施工单位或施工总承包单位履行电力建设工程安全生产监督管理职责，承担工程安全生产连带管理责任，分包单位对其承包的施工现场安全生产负责。

（三）施工单位或施工总承包单位和专业承包单位实行劳务分包的，应当分包给具有相应资质的单位，并对施工现场的安全生产承担主体责任。

建设工程和检修项目的分包是比较普遍的现象，为了防止转包和违法分包，避免"大资质、小队伍"，管好分包单位，电力企业应在招标文件中对分包单位提出明确要求。

（1）电力企业首先必须遵守《合同法》，不得将应当由一个承包人完成的建设工程肢解成若干部分发包给几个承包人。

（2）在招标文件中，应明确工程分包的范围，分包单位的资质、业绩和人员、物质、安全生产费用的投入。尤其是 EPC 工程总承包模式，总承包单位可能是设计单位、生产厂家、施工单位，除了项目部少数几个管理人员是总承包单位员工，其他人员全是分包单位的。

（3）电力企业更要在招标文件中明确，总承包单位选择的分包单位应报发包单位审批后方可。

第七节　评标阶段的要点

《招标投标法》第二十七条规定：投标人应当按照招标文件的要求编制投标文件。投标文件应当对招标文件提出的实质性要求和条件作出响应。

招标项目属于建设施工的，投标文件的内容应当包括拟派出的项目负责人与主要技术人员的简历、业绩和拟用于完成招标项目的机械设备等。

第三十条规定：投标人根据招标文件载明的项目实际情况，拟在中标后将中标项目的部分非主体、非关键性工作进行分包的，应当在投标文件中载明。

第三十三条规定：投标人不得以低于成本的报价竞标，也不得以他人名义投标或者以其他方式弄虚作假，骗取中标。

第四十一条规定：中标人的投标应当符合下列条件之一：

（一）能够最大限度地满足招标文件中规定的各项综合评价标准；

（二）能够满足招标文件的实质性要求，并且经评审的投标价格最低；但是投标价格低于成本的除外。

《招标投标法实施条例》第四十二条规定：使用通过受让或者租借等方式获取的资格、资质证书投标的，属于招标投标法第三十三条规定的以他人名义投标。

投标人有下列情形之一的，属于招标投标法第三十三条规定的以其他方式弄虚作假的行为：

（一）使用伪造、变造的许可证件；

（二）提供虚假的财务状况或者业绩；

（三）提供虚假的项目负责人或者主要技术人员简历、劳动关系证明；

（四）提供虚假的信用状况；

（五）其他弄虚作假的行为。

在评标阶段，评标委员会应对投标文件的安健环响应情况进行评价，主要包括单位和人员资质等方面的审核，单位和人员业绩、组织机构、保障安健环的物质投入、安全生产费用的投入等方面的评估，确定投标单位是否满足项目实施的要求，对表述模糊的内容应要求澄清。最终通过综合打分，选择最佳的中标单位。

一、单位和人员资质审核

单位和人员资质审核要把握资质等级、专业，和确认有效期内人员的注册单位是否为投标单位等要点。

营业执照可到国家市场监督管理总局"国家企业信用信息公示系统"（如图2-33所示）查询。

图 2-33　国家企业信用信息公示系统

工程勘察、工程设计、建筑业企业、工程监理、注册建筑师、注册监理工程师、勘察设计注册工程师、注册建造师等资质，可到住房和城乡建设部网站子栏目"全国建筑市场监管公共服务平台"（如图 2-34 所示）网站查询，也可到发证的省级"建筑市场监管与诚信信息一体化平台"网站查询。

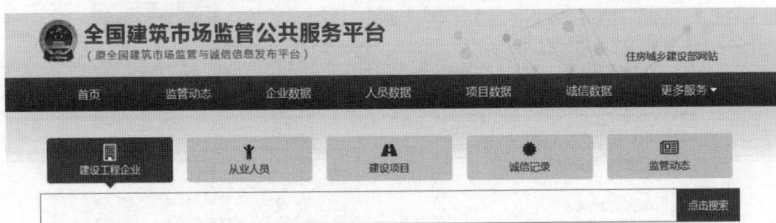

图 2-34　全国建筑市场监管公共服务平台

安全生产许可证（建筑施工）、小型项目管理师、建筑施工三类人员安全生产考核合格证书，建筑施工特种作业操作资格证等资质，可登录发证的省级"建筑市场监管与诚信信息一体化平台"（如图 2-35 所示）网站"企业信息""人员信息"栏目查询。

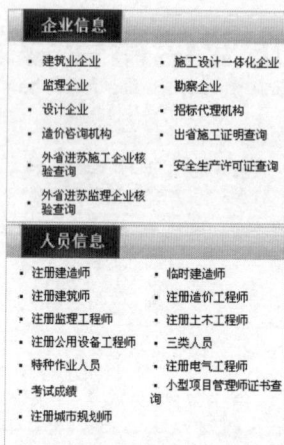

图 2-35 省级"建筑市场监管与诚信信息一体化平台"

承装（修、试）电力设施许可证资质可登录国家能源局电力业务资质管理中心"许可证信息查询栏"（如图 2-36 所示）进行查询。

图 2-36 国家能源局电力业务资质管理中心

消防技术服务机构资质证书、注册消防工程师资质，可登录应急管理部消防救援局"消防技术服务机构和注册消防工程师业务信息管理系统"（如图 2-37 所示）网站查询。

图 2-37　消防技术服务机构和注册消防工程师业务信息管理系统

安全评价机构、安全评价师、注册安全工程师资质，可登录应急管理部网站"查询服务"（如图 2-38 所示）栏进行查询。

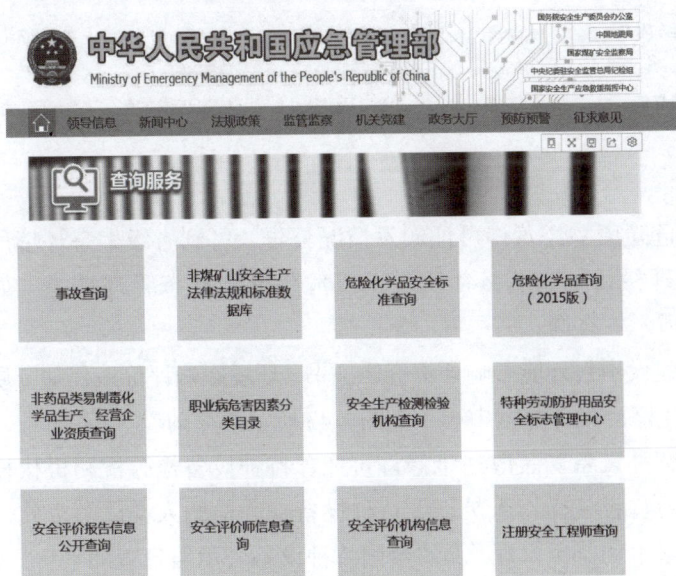

图 2-38　应急管理部查询服务平台

职业卫生技术服务机构资质证书、安全生产许可证（危险化学品生产）、危险化学品经营许可证，可到发证省级应急管理厅网站（如图 2-39 所示）查询。

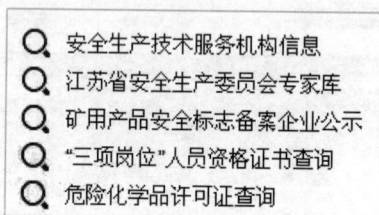

图 2-39　省级应急管理厅查询服务平台

道路运输经营许可证、道路危险货物运输许可证，可到省级交通运输厅网站（如图 2-40 所示）查询。

图 2-40　省级交通运输厅综合查询平台

危险废物经营许可证颁发情况公告，可到省级生态环境厅固废管理栏目（如图 2-41 所示）或危险废物动态管理系统（如图 2-42 所示）查询。

建设项目环境影响评价资质证书、环境影响评价工程师资质，可到生态环境部数据中心（如图 2-43 所示）查询。

特种设备安装改造维修许可证、特种设备检验检测机构核准证、特种设备操作人员证、特种设备检验检测人员证等资质，可到国家市场监督管理总局"全国特种设备公示信息查询平台"（如图 2-44 所示）查询。

图 2-41 省级生态环境厅固废管理公示公告平台

江苏省危险废物动态管理系统

图 2-42 危险废物动态管理系统

图 2-43 生态环境部数据中心

图 2-44　全国特种设备公示信息查询平台

二、组织、技术措施，物质、费用投入方面的评价

评标委员会要对投标文件涉及的组织、技术措施，物质、费用投入方面的响应情况进行评价打分，主要包括：

（1）投标单位人近三年类似项目的业绩、安全记录真实性；

（2）投标单位针对本项目的组织机构、人员组成情况，配置是否能满足项目质量、进度、费用、安健环的要求；

（3）拟分包的项目情况，承诺分包单位的资质、业绩等；

（4）安健环管理制度、使用的国家行业标准是否全面、有效、可执行；

（5）技术措施、方案的针对性、可执行性，保障安健环的物质投入是否充足，是否承诺使用经检验合格的劳动防护用品、施工机具等；

（6）安全生产费用是否经过认真的分析计算，是否有详细的清单，是否同招标单位的预评估接近。

有下列情况之一的，评标委员会应当否决其投标：

（1）投标文件没有对招标文件的实质性要求和条件做出响应；

（2）投标文件中部分内容需经投标单位盖章和单位负责人签字的而未按要求完成及技标文件未按要求密封；

（3）存在弄虚作假、串通投标及行贿等违法行为；

（4）低于成本的报价或高于招标文件设定的最高投标限价；

（5）投标联合体没有提交共同投标协议；

（6）投标人不符合国家或者招标文件规定的资格条件；

（7）同一投标人提交两个以上不同的投标文件或者投标报价（但招标文件要求提交备选投标的除外）。

第三章　入厂阶段的承包商安健环管理

项目中标后，根据合同约定的期限，承包商会组织施工队伍入厂施工。入厂阶段的严格把关，可有效监督承包商履行合同，执行投标文件，能促进承包商对人员、物质、费用投入，选择分包单位，制定组织、安全技术措施。

承包商在组织人员入厂施工时，应对参与施工人员、单位相关资质和投标书中约定的人员、单位资质加以甄别，以免给电力企业带来管理风险和连带风险。入厂时再次审核承包商资质材料，可有效防止资质过期、资质降级、证照被封、非法转包、违法分包等情况的发生。因此，在入厂阶段，应严格审查承包商单位资质和人员资质。对不合格的人员、劳动防护用品、施工机具等，坚决禁止入厂，落实好电力企业安全主体责任，同时警示承包商严格履行合同。入厂资料汇总见表3-1。

表3-1　入厂资料汇总表

项目名称			
施工单位		施工人数	
序号	审验内容及标准		是否提供
1	商务合同（甲乙双方签字、盖公章，合同生效）		
2	单位资质（企业法人营业执照、企业资质类证书、安全生产许可证、企业法人资格证齐全，复印件清晰可辨）		
3	主要管理人员资质		
4	授权委托书（按照格式要求填写，委托人、被委托人写明身份证号码和签字）		
5	社会保险或商业保险证明		

序号	审验内容及标准	是否提供
6	施工简介	
7	近三年安全生产证明（当地安监部门或行业主管部门出具的）	
8	组织、安全、技术措施和施工方案、应急预案（三措两案）	
9	承包商单位人员三级安全教育卡	
10	承包商人员入厂安全考试成绩表及身份证复印件	
11	承包商人员健康体检表	
12	劳动防护用品清单	
13	工作票执行人员申请单	
14	工器具清单	
15	特殊工种名单及证件复印件	
16	入厂安全交底	
17	职业病危害告知书	
18	安健环生产管理协议书	

我公司承诺所提供入厂资质材料真实有效，请用工部门审验。

项目经理：　　　　　　　　联系电话：　　　　年　　　月　　　日

发现问题：

以上材料经本人审验合格，请用工管理部门安全员审验。

用工管理部门项目负责人：　　　　联系电话：　　　　年　　　月　　　日

发现问题：

以上材料经本人审验合格，请安全监督部门审验。

用工管理部门安全专职：　　　　联系电话：　　　　年　　　月　　　日

发现问题：

以上材料经本人审验合格，可以签订安全协议书。

安全监督部门安全监察：　　　　联系电话：　　　　年　　　月　　　日

第一节　承包商入厂材料审核

一、商务合同审核要点

合同一经成立即具有法律效力，在双方当事人之间就发生了权利、义务关系；或者使原有的民事法律关系发生变更或消灭。

当事人一方或双方未按合同履行义务，就要依照合同或法律承担违约责任。

《合同法》第十二条规定：合同的内容由当事人约定，一般包括以下条款：当事人的名称或者姓名、住所，标题，数量，质量，价款或者报酬，履行期限、地点和方式，违约责任，解决争议的方法。

在审核商务合同时主要注意以下几点：

（1）乙方的签字人应当具有相应的民事权利能力和民事行为能力；

（2）如乙方由委托代理人订立合同，应当获得当事人的依法授权；

（3）合同履行期限、地点和方式；

（4）合同中有关开工前必须完成的约定；

（5）合同签订公司名称和企业法人营业执照公司名称一致；

（6）甲乙双方签字并加盖双方单位合同专用章。

二、承包商单位资质审核要点

（1）营业执照公司名称和合同签订公司名称是否一致；

（2）营业执照经营范围中许可经营项目和合同约定的项目类别是否相符；

（3）营业执照中的营业期限是否在有效期内；

（4）资质证书的单位名称与营业执照单位名称是否一致；

（5）资质证书的住所位置应和营业执照中住所位置是否一致；

（6）资质证书的法定代表人与营业执照法定代表人是否一致；

（7）资质证书的资质、等级是否满足施工项目要求；

（8）资质证书是否在有效期内，如到期应提供批准延期手续；

（9）企业信息发生变化应提供企业信息变更相关材料。

三、承包商主要管理人员资质审核要点

承包商的项目负责人有的在合同中就已经确定，有的在技术标书中确定。为了能够判别项目经理是约定人员，必须详细阅读商务合同和技术标书，了解项目负责人、专职安全员等主要管理人员符合约定。如主要管理人员发生变化，承包商应提供人员变更申请函，写明变更的原因，并保证变更人员的资质和从业经历与原人员相近或可以满足甲方工程管理相关要求。如甲方不同意变更，则承包商应按照合同约定执行。

主要管理人员资质审核时应注重核实以下内容：

（1）注册证书是持有者本人。

（2）专业类别和从事的项目相匹配。

（3）聘用企业名称、注册变更记录和营业执照公司名称一致。如不一致，则该建造师注册证书在本次合同履约过程中属无效证书。

（4）有效期在有效范围内，没有超期或脱审。

四、授权委托书

《民法通则》第六十四条规定：代理包括委托代理、法定代理和指定代理。

委托代理按照被代理人的委托行使代理权，法定代理人依照法律的规定行使代理权，指定代理人按照人民法院或者指定单位的指定行使代理权。

第六十五条规定：民事法律行为的委托代理，可以用书面形式，也可以用口头形式。法律规定用书面形式的，应当用书面形式。

书面委托代理的授权委托书应当载明代理人的姓名或者名称、代理事项、权限和期间，并由委托人签名或者盖章。

委托书授权不明的，被代理人应当向第三人承担民事责任，代理人负连带责任。

审核时主要检查授权委托书中应包含委托人和被委托人的姓名、身份证号码、工程名称、施工方、建设方公司名称、委托权限、委托有效时间、委托人与被委托人亲笔签名或者盖章。法人代表授权委托书范例见表3-2。

表 3-2　法人代表授权委托书范例

法人代表授权委托书
致公司： 　　本人系公司法人_____，身份证号_____，兹委托我公司员工_____，性别____，身份证号_____，代表我公司在贵公司_____工程项目担任项目负责人，全权代表本公司与贵单位磋商、签署文件并处理该工程相关事务。被委托人的一切行为与本人的行为具有相同的法律效力，本单位承担被委托人行为的全部法律后果。 　　本授权委托有效期起止日期为_____年____月____日至_____年____月____日。 　　特此委托！ 　　　　　　　　　　　　　　　　　　（公司名称）（盖章） 　　　　　　　　　　　　　　　　　　法定代表人（签字）： 　　　　　　　　　　　　　　　　　　被委托人（签字）： 　　　　　　　　　　　　　　　　　　　　　____年____月____日

五、主要管理人员社会保障险缴费记录

查询项目主要管理人员社会保障险的缴费记录，可以掌握主要管理人员和承包商是否存在雇佣关系，能有效避免资质有偿使用、人员挂靠、临时雇佣、非本单位正式员工、人员离职等问题。

审核时主要注意以下几点：

（1）缴费人员单位名称和施工单位名称是否一致；

（2）缴费年限是否满足要求；

（3）有无当地社会保险基金管理中心印章。

六、商业保险

施工方在开展项目施工前，需为参与施工人员购买团体意外伤害保险，当被保险人在保险期内，因意外事故造成伤残或死亡，可以得到一定的经济补偿。该保险投保人是施工单位，被保险人则是该单位的施工人员，保险费由施工单位支付。

审核团体意外伤害保险单时主要注意以下几点：

（1）保险生效时间、终止时间必须涵盖施工项目全过程，避免出现项目已经开工保险还未生效或项目施工过半，保险已经终止的情况；

（2）如果是指定人员险，保单中被保险人员名单应和施工人员名单一致；

（3）如果是工程项目险，保单中被保险人员数量应和施工人员数量一致或超过施工人员数量。

七、施工简介

简要介绍施工方的历史、企业规模、人员储备、施工能力、获得何种奖励，以及近年来参与的施工项目列表，施工方提供的信息必须真实可靠，必要时可以向施工方参与施工的建设项目了解。通过查看施工简介，了解施工方的优势和不足，从而在施工过程管理中提出有效的改进措施。

八、近三年安全生产证明

部分省、市业务主管部门出台了《省住房城乡建设厅关于简化建筑企业跨区域施工开具相关证明手续的通知》，对本省企业在本省范围内、跨省开展建设项目施工需要开具相关证明手续作出了规定，具体要求可以参照当地主管部门规定执行。其他承包商可到营业执照住所管辖的县区安全监督管理局出具近三年安全生产无事故证明。范例见表 3-3。

表 3-3　近三年安全生产证明范例

近三年安全生产证明
＿＿＿＿＿＿＿＿＿＿＿＿＿＿公司最近三年（＿＿＿＿年＿＿月＿＿日至＿＿＿＿年＿＿月＿＿日）严格遵守国家、部门、行业的法律法规、规章制度、技术规范，规范管理，安全施工，没有发生各类安全生产事故。 　　特此证明！ 　　　　　　　　　　　　　　　盖章（企业属地安监局或行业主管部门） 　　　　　　　　　　　　　　　　　　　　＿＿＿＿年＿＿＿月＿＿＿日

九、三措两案

《电力建设工程施工安全监督管理办法》第二十五条规定：

电力建设工程开工前，施工单位应当开展现场查勘，编制施工组织设计、施工方案和安全技术措施并按技术管理相关规定报建设单位、监理单位同意。

分部分项工程施工前，施工单位负责项目管理的技术人员应当向作业人员进行安全技术交底，如实告知作业场所和工作岗位可能存在的风险因素、防范措施以及现场应急处置方案，并由双方签字确认；对复杂自然条件、复杂结构、技术难度大及危险性较大的分部分项工程需编制专项施工方案并附安全验算结果，必要时召开专家会议论证确认。

第三十二条规定：施工单位应当根据电力建设工程施工特点、范围，制定应急救援预案、现场处置方案，对施工现场易发生事故的部位、环节进行监控。实行施工总承包的，由施工总承包单位组织分包单位开展应急管理工作。

为了能够保证安全高效的开展工程项目施工，施工方必须指派专业技术人员编制三措两案（组织措施、安全措施、技术措施、施工方案、应急预案），编制内容应包括目录、项目概况、组织措施、技术措施、安全措施、施工方案、危险点分析、应急预案等。三措两案应经施工方技术负责人审核后报发包方用工管理部门审批后实施。

第二节　承包商人员、劳动防护用品、
工器具入厂管理

一、承包商人员三级安全教育和安健环教育考试

《生产经营单位安全培训规定》（安监总局令第3号）**第三条规定：**生产经营单位负责本单位从业人员安全培训工作。

生产经营单位应当按照安全生产法和有关法律、行政法规和本规定，建立健全安全培训工作制度。

第四条规定：生产经营单位应当进行安全培训的从业人员包

括主要负责人、安全生产管理人员、特种作业人员和其他从业人员。

未经安全培训合格的从业人员，不得上岗作业。

第十二条规定： 加工、制造业等生产单位的其他从业人员，在上岗前必须经过厂（矿）、车间（工段、区、队）、班组三级安全培训教育。

生产经营单位应当根据工作性质对其他从业人员进行安全培训，保证其具备本岗位安全操作、应急处置等知识和技能。

第十三条规定： 生产经营单位新上岗的从业人员，岗前安全培训时间不得少于24学时。

第十四条规定： 厂（矿）级岗前安全培训内容应当包括：

（一）本单位安全生产情况及安全生产基本知识；

（二）本单位安全生产规章制度和劳动纪律；

（三）从业人员安全生产权利和义务；

（四）有关事故案例等。

第十五条规定： 车间（工段、区、队）级岗前安全培训内容应当包括：

（一）工作环境及危险因素；

（二）所从事工种可能遭受的职业伤害和伤亡事故；

（三）所从事工种的安全职责、操作技能及强制性标准；

（四）自救互救、急救方法、疏散和现场紧急情况的处理；

（五）安全设备设施、个人防护用品的使用和维护；

（六）本车间（工段、区、队）安全生产状况及规章制度；

（七）预防事故和职业危害的措施及应注意的安全事项；

（八）有关事故案例；

（九）其他需要培训的内容。

第十六条规定： 班组级岗前安全培训内容应当包括：

（一）岗位安全操作规程；

（二）岗位之间工作衔接配合的安全与职业卫生事项；

（三）有关事故案例；

（四）其他需要培训的内容。

《电力建设工程施工安全监督管理办法》第三十条规定：施工单位应当按照相关规定组织开展安全生产教育培训工作。企业主要负责人、项目负责人、专职安全生产管理人员、特种作业人员需经培训合格后持证上岗，新入场人员应当按规定经过三级安全教育。

由以上部门规章可以明确，承包商人员三级安全教育由其自己组织开展，而不是甲方组织开展。电力企业在入厂时应进行安健环宣贯教育和考试。考试合格的人员办理入厂证，不合格人员重新进行教育考试，考试作弊、两次成绩不合格者禁止入厂，并将其列入黑名单。考试成绩表见表3-4。

安健环教育考试内容主要包括以下几个方面：

（一）电力企业安全生产情况及安全生产基本知识；

（二）本单位安全生产规章制度和劳动纪律；

（三）从业人员安全生产权利和义务；

（四）有关事故案例；

（五）有关事故应急救援；

（六）事故应急预案演练及防范措施等。

表3-4　承包商入厂安全考试成绩表

考试时间：_____年___月___日

序号	姓名	性别	年龄	工种	职务/岗位	成绩	是/否合格
1							
2							
3							
4							
5							

施工方申请人：　　　　　　　　用工管理部门项目负责人：

用工管理部门安全员：　　　　　安全监督部门：

保卫处：　　　　　　　　　　　离厂时间：　　　年　　月　　日

有条件的电力企业可以使用人脸识别系统，办理入厂证的同时采集面部信息并发卡，一卡一人，刷卡识别面部后进入。将生产区与生活区严格隔离（如图 3-1、图 3-2 所示），防止未经许可的外来人员进入厂内和生产区域。给普通员工发放"普工帽贴"（如图 3-3 所示），张贴在安全帽侧面（如图 3-4 所示）。未经许可进入厂区导致人身伤亡的事故时有发生，电力企业应引起重视。

图 3-1 厂门口隔离岗

图 3-2 生产区隔离岗

图 3-3 普工帽贴

图 3-4 张贴帽贴

二、承包商人员上岗前职业健康检查

《电力行业职业健康监护技术规范》（DL/T 325—2010）规定：上岗前职业健康检查目的是发现有无职业禁忌症，建立接触职业性有害因素人员的基础健康档案。检查应在开始从事有害作业前完成。拟从事接触职业性有害因素作业的新录用人员（包括转岗人员）、拟从事有特殊健康要求作业的人员如高处作业、电工作业、驾驶作业、压力容器作业和高原作业等应进行上岗前职业健康检查。

《职业病防治法》第三十五条第三款: 职业健康检查应当由取得《医疗机构执业许可证》的医疗卫生机构承担。卫生行政部门应当加强对职业健康检查工作的规范管理,具体管理办法由国务院卫生行政部门制定。

合同年限一年以内的承包商人员,必须提供区、县级及以上医疗机构出具的健康体检证明,体检时间距合同结束期不超过一年。人员身体健康,无影响工作的病症,如高血压、心脏病、癫痫、眩晕、精神异常、传染病等。

合同期限一年以上的承包商人员,必须根据其岗位接触职业性有害因素进行职业病体检,并建立职业健康监护档案。体检不合格禁止入厂。

案例 ////

三家企业安排未经职业健康检查的劳动者从事接触职业病危害作业,分别罚款 5 万元

2018 年 5 月,台州市安监局"一线工作法"检查组对温岭、玉环等地的家具制造和金属冶炼等行业企业进行安全生产和职业卫生一体化执法时,连续发现浙江某家具有限公司、玉环某家具股份有限公司和浙江某铜业有限公司等三家企业存在安排未经职业健康检查的劳动者从事接触职业病危害作业的违法行为。

检查组依法对三家企业进行立案调查。执法人员通过大量调取物证、书证,询问证人,查明了三家企业均属于职业病危害风险分类管理严重企业,其中家具制造企业生产作业现场存在木粉尘和苯、甲苯、二甲苯化学因素等职业病危害因素,铜金属冶炼企业生产作业现场存在金属粉尘等职业病危害因素。

按照《中华人民共和国职业病防治法》规定,企业应当组织

喷漆、开炉等岗位劳动者进行上岗前和在岗期间的职业健康检查，但三家公司均未组织喷漆、开炉等岗位劳动者进行职业健康检查即安排劳动者从事接触职业病危害作业。

三起案件均违法事实清楚，证据确实充分，程序合法正当。

违法行为被发现后，三家企业均能认识到自身存在的问题，积极组织相关劳动者进行职业健康检查，消除隐患，并配合调查，认罚态度较好。按照处罚与教育相结合的原则，台州市安监局于近日对三家公司分别作出责令限期治理，并罚款人民币伍万元至伍万伍千元不等的行政处罚。

三、特殊工种准入

通常说的特殊工种主要包括原安全生产监督管理局颁发的特种作业人员证、原质量技术监督局颁发的特种设备操作人员证、特种设备检验检测人员证、住房和城乡建设厅颁发的建筑施工特种作业操作资格证。要求承包商报《承包商特种作业人员名单》（见表3-5）时，打印查询页面作为附件。电力企业审验材料时，一定要到官方查询平台查验真假，详见第二章第七节"单位和人员资质审核"。给审核通过的特殊工种人员发放帽贴（如图3-5所示），张贴在安全帽侧面。

表3-5　承包商特殊工种人员名单

特殊工种人员名单

外包单位：（加盖公章）　　　　　　　项目名称：

序号	姓名	性别	年龄	工种	资格证书编号	发证机关	取证时间	有效期	复检时间
1									
2									
3									
4									
5									

用工部门审核（签字）：　　外包单位项目负责人（签字）：　　离厂时间：　　年　月　日

图 3-5　特殊工种帽贴

案例 1

没有资质开塔吊，砸死 1 人被判刑

被告人张某某于 2016 年 4 月 2 日 7 时许，为赶工期，将巩义市东区某建筑工地 19 号楼 18 楼楼顶的钢筋运送到一楼东面的钢筋加工区。在没有塔吊司机可用的情况下，没有驾驶塔吊资质的张某某私自进入塔吊驾驶室驾驶塔吊，由被害人秦某往塔吊吊钩上捆送钢筋。当张某某驾驶塔吊吊起第六捆钢筋时，塔吊的吊绳断裂，吊钩及钢筋掉下，塔钩砸住秦某头部致秦某死亡。

依照《中华人民共和国刑法》第一百三十四条、第七十二条第一款之规定，判决张某某犯重大责任事故罪，判处有期徒刑一年，缓刑两年。

案例 2

招聘无资质焊工触电身亡，班组长被判刑

2013 年 4 月至 9 月，被告人贾某某担任南京市某建筑劳务有限公司承包的南京市某小区钢筋制作绑扎工程钢筋组班的电焊组

组长期间，招聘不具备焊工资质的工人舒某从事压力焊特种作业，且未向上级部门或项目组报备，致使舒某独自一人于 2013 年 9 月 12 日 17 时 30 分许在焊接现场违章作业时，遭电击死亡。

依照《中华人民共和国刑法》第一百三十四条第一款、第六十七条第一款、第七十二条第一款、第七十三条第二款、第三款的规定，判决贾某某犯重大责任事故罪，判处有期徒刑一年，缓刑一年。

1. 特种作业人员证

根据《特种作业人员安全技术培训考核管理规定》（安监总局令第 30 号），特种作业，是指容易发生事故，对操作者本人、他人的安全健康及设备、设施的安全可能造成重大危害的作业。特种作业的范围由特种作业目录规定。特种作业人员，是指直接从事特种作业的从业人员。特种作业人员必须经专门的安全技术培训并考核合格，取得《中华人民共和国特种作业操作证》（如图 3-6 所示）后，方可上岗作业。

特种作业操作证每三年复审一次。特种作业人员在特种作业操作证有效期内，连续从事本工种 10 年以上，严格遵守有关安全生产法律法规的，经原考核发证机关或者从业所在地考核发证机关同意，特种作业操作证的复审时间可以延长至每六年一次。特种作业操作证需要复审的，应当在期满前 60 日内，由申请人或者申请人的用人单位向原考核发证机关或者从业所在地考核发证机关提出申请。

根据《国务院关于取消一批行政许可事项的决定》（国发〔2017〕46 号），取消电工进网作业许可证核发行政许可事项，由安全监管部门考核发放"特种作业操作证（电工）"（以下简称电工作业证）。根据《国家安全监管总局关于做好特种作业（电工）整合工作有关事项的通知》（安监总人事〔2018〕18 号），将特种作业电工作业目录调整为 6 个操作项目：低压电工作业、高压电工作业、电力电缆作业、继电保护作业、电气试验作业和防爆电气作业。

电力企业常见的特种作业见表3-6。

表3-6　电力企业常见的特种作业

1.电工作业 指对电气设备进行运行、维护、安装、检修、改造、施工、调试等作业	1.1 低压电工作业 指对1kV以下的低压电气设备进行安装、调试、运行操作、维护、检修、改造施工和试验的作业
	1.2 高压电工作业 指对1kV及以上的高压电气设备进行运行、维护、安装、检修、改造、施工、调试、试验及绝缘工器具进行试验的作业
	1.3 电力电缆作业 指对电力电缆进行安装、检修、试验、运行、维护等作业
	1.4 继电保护作业 指对电力系统中的继电保护及自动装置进行运行、维护、调试及检验的作业
	1.5 电气试验作业 对电力系统中的电气设备专门进行交接试验及预防性试验等的作业
	1.6 防爆电气作业 指对各种防爆电气设备进行安装、检修、维护的作业。 适用于除煤矿井下以外的防爆电气作业
2.焊接与热切割作业 指运用焊接或者热切割方法对材料进行加工的作业（不含《特种设备安全监察条例》规定的有关作业）	2.1 熔化焊接与热切割作业 指使用局部加热的方法将连接处的金属或其他材料加热至熔化状态而完成焊接与切割的作业。 适用于气焊与气割、焊条电弧焊与碳弧气刨、埋弧焊、气体保护焊、等离子弧焊、电渣焊、电子束焊、激光焊、氧熔剂切割、激光切割、等离子切割等作业
	2.2 压力焊作业 指利用焊接时施加一定压力而完成的焊接作业。 适用于电阻焊、气压焊、爆炸焊、摩擦焊、冷压焊、超声波焊、锻焊等作业
	2.3 钎焊作业 指使用比母材熔点低的材料作钎料，将焊件和钎料加热到高于钎料熔点，但低于母材熔点的温度，利用液态钎料润湿母材，填充接头间隙并与母材相互扩散而实现连接焊件的作业。 适用于火焰钎焊作业、电阻钎焊作业、感应钎焊作业、浸渍钎焊作业、炉中钎焊作业，不包括烙铁钎焊作业

续表

3. 高处作业 　　指专门或经常在坠落高度基准面 2m 及以上有可能坠落的高处进行的作业	3.1 登高架设作业 指在高处从事脚手架、跨越架架设或拆除的作业
	3.2 高处安装、维护、拆除作业 指在高处从事安装、维护、拆除的作业。 适用于利用专用设备进行建筑物内外装饰、清洁、装修，电力、电信等线路架设，高处管道架设，小型空调高处安装、维修，各种设备设施与户外广告设施的安装、检修、维护以及在高处从事建筑物、设备设施拆除作业
4. 制冷与空调作业 　　指对大中型制冷与空调设备运行操作、安装与修理的作业	4.1 制冷与空调设备运行操作作业 指对各类生产经营企业和事业等单位的大中型制冷与空调设备运行操作的作业。 适用于化工类（石化、化工、天然气液化、工艺性空调）生产企业，机械类（冷加工、冷处理、工艺性空调）生产企业，食品类（酿造、饮料、速冻或冷冻调理食品、工艺性空调）生产企业，农副产品加工类（屠宰及肉食品加工、水产加工、果蔬加工）生产企业，仓储类（冷库、速冻加工、制冰）生产经营企业，运输类（冷藏运输）经营企业，服务类（电信机房、体育场馆、建筑的集中空调）经营企业和事业等单位的大中型制冷与空调设备运行操作作业
	4.2 制冷与空调设备安装修理作业 指对 4.1 所指制冷与空调设备整机、部件及相关系统进行安装、调试与维修的作业
5. 危险化学品安全作业 　　指从事危险化工工艺过程操作及化工自动化控制仪表安装、维修、维护的作业	5.1 氯碱电解工艺作业 指氯化钠和氯化钾电解、液氯储存和充装岗位的作业。 适用于氯化钠（食盐）水溶液电解生产氯气、氢氧化钠、氢气，氯化钾水溶液电解生产氯气、氢氧化钾、氢气等工艺过程的操作作业
	5.2 合成氨工艺作业 指压缩、氨合成反应、液氨储存岗位的作业。 适用于节能氨五工艺法（AMV），德士古水煤浆加压气化法、凯洛格法，甲醇与合成氨联合生产的联醇法，纯碱与合成氨联合生产的联碱法，采用变换催化剂、氧化锌脱硫剂和甲烷催化剂的"三催化"气体净化法工艺过程的操作作业
	5.3 化工自动化控制仪表作业 指化工自动化控制仪表系统安装、维修、维护的作业
6. 安全监管总局认定的其他作业	例如：北京市安监局等将有限空间作业列入特种作业

图 3-6　特种作业操作证

2.特种设备作业人员证

根据《特种设备作业人员监督管理办法》（质检总局令第 70 号），锅炉、压力容器（含气瓶）、压力管道、电梯、起重机械、客运索道、大型游乐设施、场（厂）内专用机动车辆等特种设备的作业人员及其相关管理人员统称特种设备作业人员。特种设备作业人员作业种类与项目目录由国家质量监督检验检疫总局统一发布。从事特种设备作业的人员应当按规定，经考核合格取得《特种设备作业人员证》（如图 3-7 所示），方可从事相应的作业或者管理工作。

特种设备生产、使用单位（以下统称用人单位）应当聘（雇）用取得《特种设备作业人员证》的人员从事相关管理和作业工作，并对作业人员进行严格管理。

《特种设备作业人员证》每四年复审一次。持证人员应当在复审期届满三个月前，向发证部门提出复审申请。对持证人员在四年内符合有关安全技术规范规定的不间断作业要求和安全、节能教育培训要求，且无违章操作或者管理等不良记录、未造成事故的，发证部门应当按照有关安全技术规范的规定准予复审合格，并在证书正本上加盖发证部门复审合格章。复审不合格、逾期未复审的，其《特种设备作业人员证》予以注销。

电力企业常用的特种设备操作人员证主要有以下 9 种类，38 个作业项目，见表 3-7。

表 3-7 电力企业常用的特种设备操作人员证

序号	种类	作业项目	项目代号
1	特种设备相关管理	特种设备安全管理负责人	A1
		特种设备质量管理负责人	A2
		锅炉压力容器压力管道安全管理	A3
		电梯安全管理	A4
		起重机械安全管理	A5
		场（厂）内专用机动车辆安全管理	A8
2	锅炉作业	一级锅炉司炉	G1
		二级锅炉司炉	G2
		三级锅炉司炉	G3
		一级锅炉水质处理	G4
		二级锅炉水质处理	G5
		锅炉能效作业	G6
3	压力容器作业	固定式压力容器操作	R1
4	压力管道作业	压力管道巡检维护	D1
		带压封堵	D2
		带压密封	D3
5	电梯作业	电梯机械安装维修	T1
		电梯电气安装维修	T2
		电梯司机	T3
6	起重机械作业	起重机械机械安装维修	Q1
		起重机械电气安装维修	Q2
		起重机械指挥	Q3
		桥门式起重机司机	Q4
		塔式起重机司机	Q5
		门座式起重机司机	Q6
		缆索式起重机司机	Q7
		流动式起重机司机	Q8
		升降机司机	Q9
		机械式停车设备司机	Q10

序号	种类	作业项目	项目代号
7	场（厂）内专用机动车辆作业	车辆维修	N1
		叉车司机	N2
		搬运车牵引车推顶车司机	N3
		内燃观光车司机	N4
		蓄电池观光车司机	N5
8	安全附件维修作业	安全阀校验	F1
		安全阀维修	F2
9	特种设备焊接作业	金属焊接操作	
		非金属焊接操作	

注 1. 特种设备焊接作业（金属焊接操作和非金属焊接操作）人员代号按照《特种设备焊接操作人员考核细则》的规定执行。

2. 表中 A1、A2、A6、A7、G6、R3、D2、D3、S1、S2、S3、S4、Y1、F1、F2 项目和金属焊接操作项目中的长输管道、非金属焊接操作项目的考试机构由总局指定，其他项目的考试机构由省局指定。

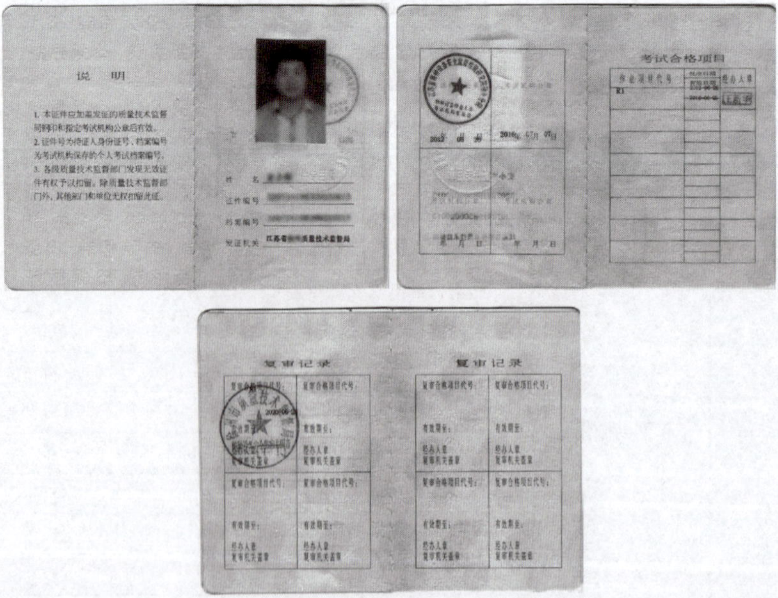

图 3-7 特种设备作业人员证

3.特种设备检验检测人员证

根据《特种设备检验检测人员执业注册管理办法》，特种设备检验检测人员，是指通过各级各类特种设备检验检测资格考核，获得由国家质量监督检验检疫总局颁发的《特种设备检验检测人员证》（如图3-8、图3-9所示），并有权签发检验检测报告的特种设备检验检测人员。

特种设备检验检测人员执业注册是指取得《特种设备检验检测人员证》的特种设备检验检测人员，由其聘用单位向中国特种设备检验协会办理注册手续后，检验检测人员方能在聘用单位合法执业，其所从事的相应特种设备检验检测活动方被认可。未经注册的特种设备检验检测人员不能在其执业的单位出具的检验检测报告上签字。

中国特种设备检验协会负责管理全国特种设备检验检测人员的执业注册、执业活动，并负责向办理特种设备许可（核准）的发证机关通报特种设备检验检测人员执业注册情况。

特种设备检验检测机构、生产、使用单位（以下统称执业单位）聘用持证的特种设备检验检测人员后，应当在签订聘用合同后30日内向中国特种设备检验协会办理执业注册或变更执业单位注册，每个检验检测人员持有的特种设备检验检测人员证书中所有的检验检测项目只能在一个执业单位注册。

特种设备检验检测人员执业注册的类别：

（1）初始注册：执业单位在聘用已经取得《特种设备检验检测人员证》的人员并拟安排其代表本单位从事相应的检验检测工作时，初次为该人员向中国特种设备检验协会申请的注册。

（2）续期注册：初始注册期满需要继续在现执业单位执业的，执业单位在期满前30日，按规定的程序申请与办理的注册。

（3）变更注册：在注册有效期内，特种设备检验检测人员变更执业单位，由现执业单位按规定的程序为其申请与办理的注册。

每人 12 个月内只能变更注册一次执业单位。

特种设备检验检测人员执业注册的期限：

特种设备检验检测人员每次注册的期限为四年。注册期内注册项目与级别发生改变时，需要在改变后 30 日之内，将改变的项目和级别向中国特种设备检验协会进行备案。

电力企业常用的特种设备检验检测人员证分为两大类：一类为综合检验人员证，见表 3-8；一类为无损检测人员证，见表 3-9。

表 3-8　电力企业常用的综合检验人员证

序号	级别	项目	代号	检验范围
1	检验员	锅炉	GL-1/2	额定蒸汽压力小于或者等于 2.5MPa 的蒸汽锅炉、热水锅炉，有机热载体锅炉
2		压力容器	RQ-1/2	第Ⅰ、Ⅱ类压力容器
3		气瓶	QP-1/2	各种气瓶
4		压力管道	GD-1/2	GC3、GC2 级工业管道，公用管道
5		电梯	DT-1	各种电梯
6		起重机械	QZ-1	各种起重机械
7		场（厂）内专用机动车辆	NC-1	各种场（厂）内专用机动车辆
8	检验师	锅炉	GS	各种锅炉
9		压力容器	RS	各种压力容器
10		压力管道	DS	各种压力管道
11		电梯	TS	各种电梯
12		起重机械	QS	各种起重机械
13		场（厂）内专用机动车辆	NS	各种场（厂）内专用机动车辆

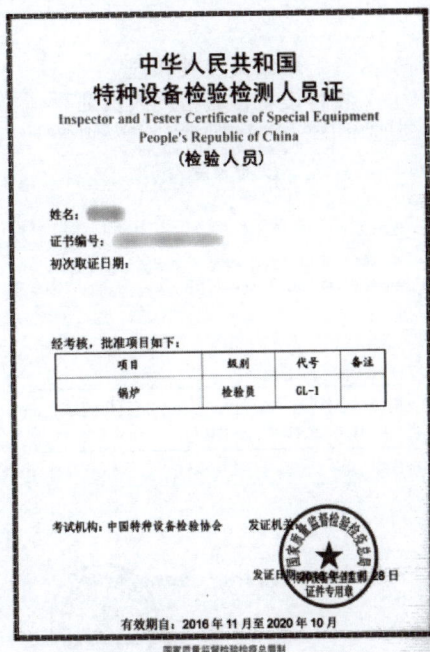

图 3-8　特种设备检验检测人员证（综合检验人员）

表 3-9　电力企业常用的无损检测人员证

方法	项目	代号	级别
射线检测	射线胶片照相检测	RT	Ⅰ、Ⅱ、Ⅲ
	射线数字成像检测	RT（DR+CR）	Ⅰ、Ⅱ、Ⅲ
	射线检测（自动）	RT（AUTO）	Ⅰ、Ⅱ
超声检测	脉冲反射法超声检测	UT	Ⅰ、Ⅱ、Ⅲ
	衍射时差法超声检测	TOFD	Ⅰ、Ⅱ、Ⅲ
	超声检测（自动）	UT（AUTO）	Ⅰ、Ⅱ
磁粉检测	磁粉检测	MT	
渗透检测	渗透检测	PT	Ⅰ、Ⅱ、Ⅲ
声发射检测	声发射检测	AE	Ⅰ、Ⅱ、Ⅲ
涡流检测	涡流检测	ECT	Ⅰ、Ⅱ、Ⅲ
	涡流检测（自动）	ECT（AUTO）	Ⅰ、Ⅱ
漏磁检测	漏磁检测（自动）	MLF（AUTO）	Ⅰ、Ⅱ

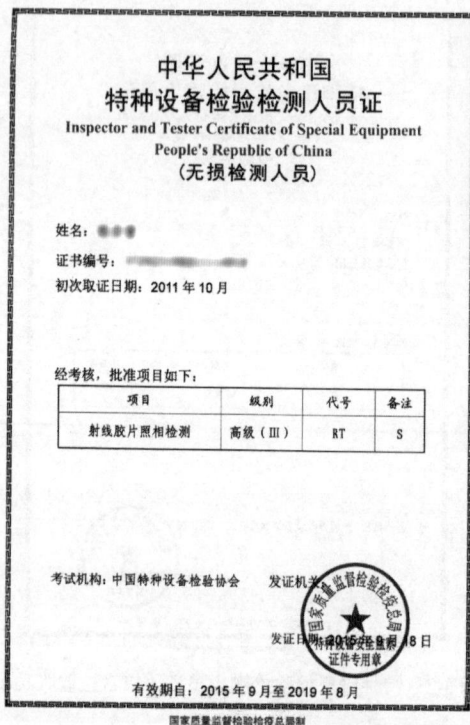

中华人民共和国
特种设备检验检测人员证
Inspector and Tester Certificate of Special Equipment
People's Republic of China
（无损检测人员）

姓名：●●●

证书编号：

初次取证日期：2011 年 10 月

经考核，批准项目如下：

项目	级别	代号	备注
射线胶片照相检测	高级（Ⅲ）	RT	S

考试机构：中国特种设备检验协会　发证机关：国家质量监督检验检疫总局

发证日期：2015 年 9 月 18 日

有效期自：2015 年 9 月至 2019 年 8 月

国家质量监督检验检疫总局监制

图 3-9　特种设备检验检测人员证（无损检验人员）

4. 建筑施工特种作业操作资格证

根据《建筑施工特种作业人员管理规定》（建质〔2008〕75 号），建筑施工特种作业人员是指在房屋建筑和市政工程施工活动中，从事可能对本人、他人及周围设备设施的安全造成重大危害作业的人员。建筑施工特种作业人员必须经建设主管部门考核合格，取得建筑施工特种作业人员操作资格证书（如图 3-10 所示），方可上岗从事相应作业。资格证书有效期为两年，有效期满需要延期的，建筑施工特种作业人员应当于期满前三个月内向原考核发证机关申请办理延期复核手续。延期复核合格的，资格证书有效期延期两年。

根据《关于建筑施工特种作业人员考核工作的实施意见》（建办质〔2008〕41号），建筑施工特种作业操作范围见表3-10。

表 3-10 建筑施工特种作业操作范围

（1）建筑电工：在建筑工程施工现场从事临时用电作业	
（2）建筑架子工	建筑架子工（普通脚手架）：在建筑工程施工现场从事落地式脚手架、悬挑式脚手架、模板支架、外电防护架、卸料平台、洞口临边防护等登高架设、维护、拆除作业
	建筑架子工（附着升降脚手架）：在建筑工程施工现场从事附着式升降脚手架的安装、升降、维护和拆卸作业
（3）建筑起重司索信号工：在建筑工程施工现场从事对起吊物体进行绑扎、挂钩等司索作业和起重指挥作业	
（4）建筑起重机械司机	建筑起重机械司机（塔式起重机）：在建筑工程施工现场从事固定式、轨道式和内爬升式塔式起重机的驾驶操作
	建筑起重机械司机（施工升降机）：在建筑工程施工现场从事施工升降机的驾驶操作
	建筑起重机械司机（物料提升机）：在建筑工程施工现场从事物料提升机的驾驶操作
（5）建筑起重机械安装拆卸工	建筑起重机械安装拆卸工（塔式起重机）：在建筑工程施工现场从事固定式、轨道式和内爬升式塔式起重机的安装、附着、顶升和拆卸作业
	建筑起重机械安装拆卸工（施工升降机）：在建筑工程施工现场从事施工升降机的安装和拆卸作业
	建筑起重机械安装拆卸工（物料提升机）：在建筑工程施工现场从事物料提升机的安装和拆卸作业
（6）高处作业吊篮安装拆卸工：在建筑工程施工现场从事高处作业吊篮的安装和拆卸作业	
（7）经省级以上人民政府建设主管部门认定的其他特种作业	

建筑施工特种作业操作资格证目前有两种版本（如图3-10所示），审核时注意。

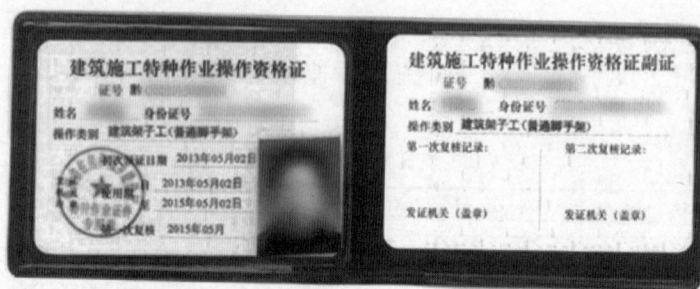

(a) 版本一

(b) 版本二

图 3-10　建筑施工特种作业操作资格证

四、工作票执行人员授权

　　承包商工作票人员必须经过用工管理部门的授权，电力企业安全监督部门公布后方可具备办理施工许可作业手续的权力。工作票执行人员凭资格授权证明办理工程项目工作票许可手续。承包商申请工作票人员资格，须先填写"工作票执行人员申请单"（见表 3-11），经项目负责人审核签字后上报用工管理部门，由用工管理部门进行人员资质审查，进行安全规程、消防规程考试及面试、考试成绩合格后，报安全监督部门发布授权，授权有效期同项目周期一致，并发放"工作负责人证""工作负责人袖章"使用。工作负责人证在办理工作票时交工作票许可人保存，工作间断、工作票终结时归还，保证每名工作负责人手里只有一张在作业的工作票。

1. 工作票签发人

工作票签发人应具备的条件：熟悉设备系统及设备性能，熟悉安全工作规程、检修制度及运行规程的有关部分，掌握人员安全技术条件，了解检修工艺。

工作票签发人的安全职责：工作必要性；工作是否安全；工作票上所填安全措施是否正确完备；所派工作负责人和工作班成员是否适当和足够，精神状态是否良好。

2. 工作负责人

工作负责人的应具备的条件：正确安全的组织工作；负责检查工作票所列安全措施是否正确完备和工作许可人所做的安全措施是否符合现场实际条件，必要时予以补充；工作前对班成员进行危险点告知，交代安全措施和技术措施，并确认每一个工作班成员都已知晓；督促、监护工作班成员遵守规程，正确使用劳动防护用品和执行现场安全措施；工作班成员精神状态是否良好；工作班成员变动是否合适。工作负责人证如图 3-11 所示。

工作负责人的安全责任：正确安全的组织工作；结合实际进行安全思想教育；督促，监护工作人员遵守本规程；负责检查工作票所载的安全措施是否正确完备，和值班员所做的安全措施是否符合现场实际条件；工作前对工作人员交代安全事项；工作班人员变动是否合适。

3. 动火监护人

动火作业应有专门动火监护人，始终监督现场动火工作，这是防火和灭火的重要措施，也是公安消防部门的要求：

（1）一级动火火灾风险比较大，因此除了消防监护人和工作负责人，动火部门安监人员也应始终在现场监护。消防监护人和工作负责人应熟悉动火的设备和系统。

（2）二级动火消防监护人和工作负责人始终在现场监护。消防监护人和工作负责人应熟悉动火的设备和系统。

（3）一级动火危险性较大，各级审批人和动火工作票签发人均应到现场，是进一步核对工作的安全性，确保安全措施落实到位。

（4）专职消防员和志愿消防员经过专门培训，应能胜任消防监护人职责。

表 3-11　工作票执行人员申请单

<table>
<tr><td colspan="2">工作票执行人员申请单</td></tr>
<tr><td colspan="2">致＿＿＿＿＿＿公司：</td></tr>
<tr><td colspan="2">　　我公司因开展＿＿＿＿＿＿＿＿工作需要，需增加工作票执行人员，经组织考试合格，特申请以下人员为工作票签发人、工作负责人，并提供动火工作票审批人、消防监护人名单，请主管部门批准。</td></tr>
<tr><td colspan="2">　一、工作票签发人：</td></tr>
<tr><td colspan="2">　电气：</td></tr>
<tr><td colspan="2">　热机：</td></tr>
<tr><td colspan="2">　热控：</td></tr>
<tr><td colspan="2">　二、工作负责人：</td></tr>
<tr><td colspan="2">　电气第一种：</td></tr>
<tr><td colspan="2">　电气第二种：</td></tr>
<tr><td colspan="2">　热机：</td></tr>
<tr><td colspan="2">　热控：</td></tr>
<tr><td colspan="2">　三、动火部门负责人（动火工作票审批人）：</td></tr>
<tr><td colspan="2">　四、动火部门安全专工（消防监护人）：</td></tr>
<tr><td colspan="2">　注：</td></tr>
<tr><td colspan="2">　1.工作票签发人分为电气、热机、热控，工作负责人分为电气第一种、电气第二种、热机、热控，请分别填写。</td></tr>
<tr><td colspan="2">　2.动火部门负责人、安全专工不得为动火工作票签发人、负责人。</td></tr>
<tr><td colspan="2" align="right">申请单位项目经理：（盖章／签字）
用工管理部门负责人：（盖章／签字）
　　年　　月　　日</td></tr>
</table>

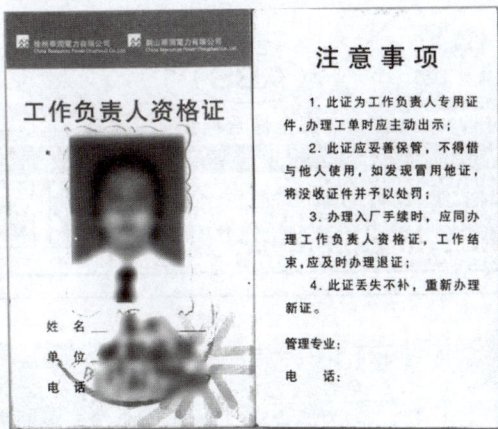

图 3-11　工作负责人证

五、劳动防护用品准入

承包商填写《劳动防护用品清单》（见表 3-12），用工部门项目负责人、安全监督部门人员据此到"生产许可证查询网"查询真伪，再检查实物是否符合正品，在保质期内，防坠落护具类是否经有检验资质机构检验合格，且在有效期内（如图 3-12 所示）。不合格的禁止入厂。

表 3-12　劳动防护用品清单

劳动防护用品清单

施工单位：（名称加盖章）　　用工管理部门项目负责人：　　入厂时间：　年　月　日

序号	劳动防护用品名称	工业产品生产许可证号（XK**-***-*****）	生产厂家	生产日期	保质期	数量
1						
2						
3						
4						
5						

(a) 安全帽合格证

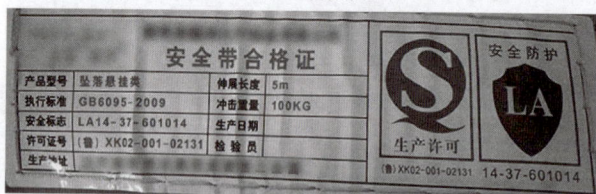

(b) 安全带合格证

图 3-12　劳动防护用品合格证

六、工器具准入

承包商填写《工器具清单》（见表 3-13）并提供检测报告。用工部门项目负责人、安全监督部门人员根据清单和检测报告，对实物外观检查是否有隐患，有检验标签，在有效期内。合格的工器具张贴准入证，不合格的禁止入厂。未经检查进厂的工器具暂时没收代保管，工作结束后返还承包商。

表 3-13　工器具清单

施工单位：（名称加盖章）　　用工管理部门项目负责人：　　入厂时间：　年　月　日

序号	工器具名称	数量	检验单位检验合格	自检合格	下次检验到期时间
1					
2					
3					
4					
5					

第三节 电力企业对承包商的交底和告知

一、入厂安全交底

用工管理部门项目负责人应认真评估工作现场安全风险，制定入厂安全交底内容，对安健环教育考试合格的承包商人员进行安全交底。交底人员、承包商项目负责人、安全员、被交底人员在入厂安全交底单（见表 3-14）上签字。如果分批入厂的，应每批都要安全交底，不得遗漏。

表 3-14　入厂安全交底单

工程项目名称	
承包方单位名称	
入厂安全交底时间	
入厂安全交底内容	
用工管理部门交底人员	
承包方接受入厂安全交底人员签名	
承包方项目负责人	承包方项目安全员

二、职业病危害告知

根据《用人单位职业病危害告知与警示标识管理规范》（安监总厅安健〔2014〕111号），职业病危害告知是指用人单位通过与劳动者签订劳动合同、公告、培训等方式，使劳动者知晓工作场所产生或存在的职业病危害因素、防护措施、对健康的影响以及健康检查结果等的行为。劳动者包括用人单位的合同制、聘用制、劳务派遣等性质的劳动者。

产生职业病危害的用人单位应将工作过程中可能接触的职业病危害因素的种类、危害程度、危害后果、提供的职业病防护设施、个人使用的职业病防护用品、职业健康检查和相关待遇等如实告知劳动者，不得隐瞒或者欺骗。

用人单位与劳动者订立劳动合同（含聘用合同，下同）时，应当在劳动合同中写明工作过程可能产生的职业病危害及其后果、职业病危害防护措施和待遇（岗位津贴、工伤保险等）等内容。同时，以书面形式告知劳务派遣人员。

格式合同文本内容不完善的，应以合同附件形式签署职业病危害告知书。

职业病危害告知书范例见附录A。

第四节 签订安健环生产管理协议书

《安全生产法》第四十六条第二款规定：生产经营项目、场所发包或者出租给其他单位的，生产经营单位应当与承包单位、承租单位签订专门的安全生产管理协议，或者在承包合同、租赁合同中约定各自的安全生产管理职责；生产经营单位对承包单位、承租单位的安全生产工作统一协调、管理，定期进行安全检查，发现安全问题的，应当及时督促整改。

安健环生产管理协议书在入厂时签订，作为合同的一部分。

公司授权承包商负责人、用工管理部门部长签订，盖双方公司章。未签订安健环生产管理协议书不得作业。

　　总承包工程有分包单位的，应要求总包单位和分包单位签订的安健环生产管理协议书复印件一并交电力企业安全监督部门备案。

　　安健环生产管理协议书范例见附录 B。

第四章　作业阶段的承包商安健环管理

招标阶段和入厂阶段管理是承包商安健环管理的基础，能够保证承包商作业阶段的安健环管理可控、在控、能控。在作业阶段，电力企业既要落实自己的全面管理责任，监督到位，考核到位；又要帮助承包商落实自身的主体责任，切实做好自主管理，不发生安全、职业病、环保事故事件。

第一节　承包商安健环管理机构

《安全生产法》第二十一条规定：矿山、金属冶炼、建筑施工、道路运输单位和危险物品的生产、经营、储存单位、应当设立安全生产管理机构或者配备专职安全生产管理人员。前款规定以外的其他生产经营单位，从业人员超过一百人的，应当设置安全生产管理机构或者配备专职安全生产管理人员；从业人员在一百人以下的，应当配备专职或者兼职的安全生产管理人员，或者委托具有国家规定的相关专业技术资格的工程技术人员提供安全生产管理服务。

《建设工程安全生产管理条例》第二十三条第一款规定：施工单位应当设立安全生产管理机构，配备专职安全生产管理人员。

DL 5009.1《电力建设安全工作规程 第 1 部分：火力发电厂》第 4.1.3 规定：建设单位应成立以主要负责人为主任，监理、设计、施工、调试等单位项目负责人为成员的安全生产委员会（以下简称安委会）；各施工单位应成立以项目负责人为主任的安委会。

承包商应在工程项目现场设立完善的安全生产管理机构，按规定配备专职或兼职的安全生产管理人员，完善安全生产监督网络，并接受电力企业的生产指挥管理和相关职能部门的检查、指导、监督和考核，承包商安全生产管理机构主要成员应包括承包商主要负责人、项目经理、专职和兼职安全管理人员等。

一、承包商安健环管理人员

1. 承包商主要负责人的安全责任

《安全生产法》第十八条规定：生产经营单位的主要负责人对本单位的安全生产工作全面负责。承包商主要负责人在安全生产管理方面负有下列职责：

（1）建立、健全本单位安全生产责任制；

（2）组织制定本单位安全生产规章制度和操作规程；

（3）组织制定并实施本单位安全生产教育和培训计划；

（4）保证本单位安全生产投入的有效实施；

（5）督促、检查本单位的安全生产工作，及时消除生产安全事故隐患；

（6）组织制定并实施本单位的生产安全事故应急救援预案；

（7）及时、如实报告生产安全事故。

《建设工程安全生产管理条例》第二十一条第一款规定：施工单位主要负责人依法对本单位的安全生产工作全面负责。施工单位应当建立健全安全生产责任制度和安全生产教育培训制度，制定安全生产规章制度和操作规程，保证本单位安全生产条件所需资金的投入，对所承担的建设工程进行定期和专项安全检查，并做好安全检查记录。

2. 项目负责人的安全责任

《建设工程安全生产管理条例》第二十一条第二款规定：施

工单位的项目负责人应当由取得相应执业资格的人员担任，对建设工程项目的安全施工负责，落实安全生产责任制度、安全生产规章制度和操作规程，确保安全生产费用的有效使用，并根据工程的特点组织制定安全施工措施，消除安全事故隐患，及时、如实报告生产安全事故。

3. 专职安全管理人员的安全责任

《安全生产法》第二十二条规定：生产经营单位的安全生产管理机构以及安全生产管理人员履行下列职责：

（1）组织或者参与拟订本单位安全生产规章制度、操作规程和生产安全事故应急救援预案；

（2）组织或者参与本单位安全生产教育和培训，如实记录安全生产教育和培训情况；

（3）督促落实本单位重大危险源的安全管理措施；

（4）组织或者参与本单位应急救援演练；

（5）检查本单位的安全生产状况，及时排查生产安全事故隐患，提出改进安全生产管理的建议；

（6）制止和纠正违章指挥、强令冒险作业、违反操作规程的行为；

（7）督促落实本单位安全生产整改措施。

《建设工程安全生产管理条例》第二十三条第二款规定：专职安全生产管理人员负责对安全生产进行现场监督检查。发现安全事故隐患，应当及时向项目负责人和安全生产管理机构报告；对违章指挥、违章操作的，应当立即制止。

4. 班组长的安全责任

班组长是班组安全第一责任人，应贯彻执行有关安全生产的各项规章制度，对本辖区职工劳动环境及安全健康负责。班组长在安全生产管理方面负有下列职责：

（1）贯彻执行上级对安全生产的指令和要求，对本班组的安全生产工作全面负责。

（2）组织本班组员工认真学习和严格执行各项安全生产规章制度和安全操作规程，杜绝违章指挥、违章作业、违反劳动纪律的行为，督促班组员工正确佩戴和使用劳动保护用品。

（3）认真履行"三级安全教育培训"中的班组安全生产教育和培训职责。

（4）组织本班组员工深入分析和辨识本岗位存在的各类危险有害因素，做好风险管控，熟知相应的应急处理措施，全面掌握本岗位安全生产知识和技能。

（5）负责做好班组各项安全生产记录，落实涉及本岗位的安全整改措施。

（6）组织做好班组安全检查，发现隐患和问题应当及时消除，并向上级报告。

（7）发生事故立即向上级报告，并立即组织有关人员抢险救援，及时疏散无关人员，最大限度地减少事故伤亡和损失。同时，要保护好现场，做好相关记录。

（8）认真履行班组管理职责，组织开展班组安全生产活动，保持生产或作业现场整齐、清洁，实现文明生产、安全生产。

二、安健环活动

承包商的安健环活动以"两会一活动"为基础，有效开展班前、班后会和班组安全日活动，是生产班组保证安全生产的有效措施之一。

1. 班前会

班前会主要是在接班（工）前，结合当班运行方式和工作任务，做好危险点分析，布置安全措施，交代注意事项。

承包商各作业班组每天上班必须开好班前会，参加人员须点名签字，并做好会议记录。检修外包工程项目，用工管理部门专业人员及监理方须参加承包商班前会，提出安健环管理要求和内容。

班前会主要内容包括：

（1）查工作服、工作帽穿戴是否正确，查安全帽、安全带、防护眼镜等防护用品是否佩戴正确；查精神状态，确保员工精神饱满。

（2）交代当天的工作任务、工作内容和进度要求。

（3）交代作业现场条件和环境。

（4）交代使用的机械设备和工器具的性能和操作要求。

（5）交代应采取的安全措施、重点注意部位和注意事项。

（6）分析可能发生事故的环节、部位和应采取的防护措施。

（7）明确分工，指派工作负责人。

（8）进行安全宣誓。

2. 班后会

班后会主要是总结讲评当班工作和安全情况，表扬好人好事，批评忽视安全、违章作业等不良现象，并做好记录。

3. 班组安全日活动

班（组）每周或者每个轮值进行一次安全日活动，活动内容应联系实际，有针对性，并做好记录。班组安全日活动要做到内容、记录齐全。

承包商班组也应每周组织一次安全日活动，真正达到员工自我教育、自我管理的目的，使班组安全日活动制度化、规范化。安全日活动要求活动时间应不少于1小时。对于外包工程项目，用工管理部门的专业人员须参加承包商的安全日活动，并抽查活动开展情况。对因故没有参加活动的人员，班组长要将主要内容及时传达，并在活动记录中加以注明。

安全日活动内容包括：

（1）学习电力企业安全文件、安全管理制度、规程和业务有关的知识。

（2）结合电力企业下发的事故通报、事故案例，组织分析、讨论事故原因和预防措施，举一反三。

（3）对发生的异常、人身未遂和险情做到"四不放过"，制定防范措施。

（4）举行安全座谈，就安全管理和隐患治理等内容提出合理化建议等。

（5）总结班组一周来的安全工作，并对各岗位工作进行安全分析和总结，研究布置下周的安全工作。

三、安全技术交底

《建设工程安全生产管理条例》第二十七条规定：建设工程施工前，施工单位负责项目管理的技术人员应当对有关安全施工的技术要求向施工作业班组、作业人员作出详细说明，并由双方签字确认。

《电力建设工程施工安全监督管理办法》第二十五条第二款规定：分部分项工程施工前，施工单位负责项目管理的技术人员应当向作业人员进行安全技术交底，如实告知作业场所和工作岗位可能存在的风险因素、防范措施以及现场应急处置方案，并由双方签字确认。

承包商项目负责人应在作业前对生产作业人员进行安全操作规程和注意事项的培训，并通过书面文件方式予以确认。工程在施工前，用工管理部门负责对承包商进行安全技术交底和危险性生产区域安全告知，并填写安全技术交底卡。承包商应按批准的施工组织设计或专项安全技术措施方案，向有关人员进行安全技术交底。

安全技术交底主要包括两个方面的内容：一是在施工方案的基础上按照施工的要求，对施工方案进行细化和补充；二是要将操作者的安全注意事项讲清楚，保证作业人员的人身安全。安全技术交底工作完毕后，所有参加交底的人员必须履行签字手续，并记录存档。

四、签订交叉作业安全协议

《安全生产法》第四十五条规定：两个以上生产经营单位在同一作业区域内进行生产经营活动，可能危及对方生产安全的，应当签订安全生产管理协议，明确各自的安全生产管理职责和应当采取的安全措施，并指定专职安全生产管理人员进行安全检查与协调。

交叉作业指两个以上生产经营单位在同一作业区域内（包括同一工作面或同一立体空间范围内）进行的、可能对对方造成危害、不良影响或对对方作业人员造成伤害的作业，包括立体交叉作业和平面交叉作业。

1. 交叉作业过程中存在的危险

交叉作业因作业空间受限制，受人员多、工序多、机械设备使用工序复杂、物料现场转移（存放）增多、通信不畅等因素影响，且较一般作业需要配合协调事项多、现场隐患多，因此可能发生的危险、危害包括高处坠落、物体打击、机械伤害、起重伤害、车辆伤害、触电、火灾、淹溺等。承包商中任何一方均应在其作业过程中采取有效的安全控制措施（包括预防措施），消除上述可能存在的危险、危害，防止发生事故，并使自身免受上述可能存在的危险、危害的损害。

2. 交叉作业安全管理要求

（1）承包商均应遵守其与甲方（电力企业）签订的《安全协议书》的约定，按《安全协议书》的约定履行其对甲方的安全生产承诺，服从甲方所指派的安全监督管理人员的安全检查与协调。

（2）承包商在交叉作业过程中均应认真执行安全生产规范性文件的规定，贯彻落实"安全第一，预防为主，综合治理"的安全生产方针。

（3）承包商应互相配合，建立联系机制，在交叉作业实施前及时告知对方，做好现场安全事项交底，及时解决可能发生的安全问题，并为对方创造安全工作条件和作业环境。

（4）交叉作业安全协议中要明确承包商交叉作业现场管理事项、事故应急救援、事故调查与处理、安全责任划分、争议解决的方式等。

（5）交叉作业安全协议的签订应在承包商作业开始前进行签订，甲方（电力企业），协议涉及的各承包商及监理单位均要进行签订存档。

3. 交叉作业现场安全人员责任

交叉作业安全进行的关键是作业人员之间的协调和联系，各方均应指定人员负责本单位作业安全以及同另一方在安全方面的协调工作。甲方（电力企业）指定的项目负责人为甲方履行本协议过程中的安全第一责任人，监理方负责协调、处理交叉作业过程中的具体安全事项，承包商指定的现场负责人为承包商履行本协议过程中的安全第一责任人，承包商指定的安全员负责协调、处理交叉作业过程中的具体安全事项。

交叉作业安全协议范例见附录 C。

五、应急预案和演练

《安全生产法》第七十九条规定：危险物品的生产、经营、储存单位以及矿山、金属冶炼、城市轨道交通运营、建筑施工单位应当建立应急救援组织；生产经营规模较小的，可以不建立应急救援组织（是生产经营内部专门从事应急救援工作的机构），但应当指定兼职的应急救援人员。

危险物品的生产、经营、储存、运输单位以及矿山、金属冶炼、城市轨道交通运营、建筑施工单位应当配备必要的应急救援器材、设备和物资，并进行经常性维护、保养，保证正常运转。

《建设工程安全生产管理条例》第四十九条规定：施工单位应当根据建设工程施工的特点、范围，对施工现场易发生重大事故的部位、环节进行监控，制定施工现场生产安全事故应急救援预案。

《固体废物污染环境防治法》第六十二条规定：产生、收集、贮存、运输、利用、处置危险废物的单位，应当制定意外事故的防范措施和应急预案，并向所在地县级以上地方人民政府环境保护行政主管部门备案；环境保护行政主管部门应当进行检查。

应急预案是指为有效预防和控制可能发生的事故，最大程度减少事故及其造成损害而预先制定的工作方案。应急预案有事故预防、应急处理和抢险救援三个方面的含义。

承包商作业现场安全事故具有突发性、群体性的特点，因此要事先根据本单位和作业现场的实际情况，针对可能发生事故的类别、性质、特点和范围等，制定事故发生时有关的组织、技术措施和其他应急措施，有效降低事故发生的可能性，防止事故的扩大化，减少人员伤亡和财产损失。

1. 应急预案分类

承包商应急预案应分为综合应急预案、专项应急预案和现场处置方案。

2. 应急预案的培训

承包商应当定期组织开展本单位的应急预案、应急知识、自救互救和避险逃生技能的培训活动，使有关人员了解应急预案内容，熟悉应急职责、应急处置程序和措施。

应急培训的时间、地点、内容、参加人员及考试情况应当计入承包商安全生产教育和培训档案。

3. 应急预案的演练和实施

承包商单位应制定本单位的应急预案演练计划，根据本单位的事故风险特点，每年至少组织一次综合应急预案演练或专项应急预案演练，每半年至少组织一次现场处置方案演练；按照国家有关消防法规规定，每半年至少组织一次消防演练。承包商进行应急演练前，应当制定演练方案，明确演练目的、演练范围、演练步骤和保障措施等，保证演练效果和演练安全。演练后，应当对演练效果进行评估，并针对演练过程中发现的问题对相关应急预案提出修订意见。评估和修订意见应当有书面记录。

六、安健环监督网会议

安健环监督网会议包括安健环委员会会议、安健环年度工作会议、安健环月度分析会议、安健环专题会议、安健环协调会等。在电力企业机组检修技改期间每周召开一次机组检修技改安健环监督网会议。

安健环监督网会议主要内容应包括总结分析企业及工程项目安全生产情况，部署安全生产工作，协调解决安全生产问题，确定生产过程中安全、文明施工的重大措施，及时总结事故教训及安全生产管理上存在的薄弱环节，研究采取预防事故的措施等。

七、承包商自主检查的要求

承包商要全面掌握项目安全生产状况，加强对重点部位、关键环节的控制，及时消除隐患。承包商项目负责人在施工期间应驻厂，如因其他事务需离开施工现场的，应向电力企业用工管理部门请假，经批准后方可离开，离开期间应委托项目相关负责人负责日常工作。

承包商的自主安全检查应结合季节特点和事故规律进行，检查内容应以排查人的不安全行为、物的不安全状态、环境的不安全因素、管理缺失等隐患为主，对查出的问题要制定整改计划并监督落实，闭环管理，并及时将检查整改情况向甲方汇报。

八、电力企业监督检查的要求

为清除安全隐患，防止事故、改善劳动条件，同时作为安全生产管理工作的一项重要内容，电力企业和各部门要对定期对承包商进行安全检查，发现承包商生产过程中的危险因素，以便有计划的采取措施，保证现场的安全生产工作。

安全检查的方式主要包括定期安全检查、各级管理人员的巡回安全检查，专业性安全检查、季节性安全检查、节假日前后的安全检查、不定期的安全检查等。

安全检查内容包括：

（1）监督承包商安全管理体系建立情况，监督人员配备、管理制度健全和职业健康管理工作和安全监管责任的履行情况等。

（2）检查承包商安全防护、文明施工措施费的使用情况。

（3）检查现场作业人员的是否存在违章作业、违反劳动纪律的行为。

（4）检查安全设施的布置情况，重点是现场隔离围栏、安全警示标志是否符合要求，高处作业保护、用电作业保护、工作人员职业健康防护设施等是否齐全并符合要求。

（5）检查重大安全技术措施制定和落实情况，重点是安全技术措施制定是否可靠，审批过程是否齐全，是否可靠落实。必须审批的安全施工措施项目包括重要的临时设施、重要的施工工序、特殊作业、季节性施工、多工种交叉作业及运行交叉作业。

（6）监督承包商安全管理情况和监理单位对承包方及分包队伍的资质审查情况，检查安全监管是否到位，是否有层层转包、违规分包、以包代管、以罚代管的情况。

（7）监督现场安全隐患整治情况，重点检查是否对现场隐患进行了普查、辨识、评估，管控措施是否有效到位，是否对发现的重大安全隐患和问题是否进行了专项治理。

国家发展改革委、国家能源局《关于推进电力安全生产领域改革发展的实施意见》（发改能源规〔2017〕1986号），规定了监理单位要加强现场监理，创新监理手段，实现工程重点部位、关键工序施工的全过程跟踪，严控安全风险。

第二节　作业现场管理

一、作业区域管理

根据 DL/T 1123《火力发电企业生产安全设施配置》中设备安全设施配置规范要求，承包商要规范作业现场的场容，保持作业环境的整洁卫生；科学的组织施工，使作业有序进行，保证作业现场和人员的安全。

电力企业的作业现场管理主要包括机组检修和日常维护两个部分，其中机组检修作业现场管理内容和要求和日常维护基本一致，本章节以机组检修作业现场管理为主。

电力企业要按隔离、定置、5S 管理标准要求进行检修现场的布置、管理，并制定检修定置图，并要求各检修承包商单位严格执行。

1. 检修现场定置

（1）电力企业在检修策划阶段应制定检修区域整体布置平面定置图，并在检修开始前 10 天发布。

（2）各检修单位根据公司级检修定置图制定所负责检修区域内二级定置图，检修单位制定的二级定置图应报检修现场指挥小组审批后方可执行。

（3）各检修区域划分原则上不得占用通道，必须占用通道时，应在通道两端设置明显提示，并保证有其他通道通行，特殊情况需制定应急措施。通道处搭设脚手架时，应留有门型通道，门型通道上方必须采取防护措施。

（4）检修现场合理设置临时休息点，并配备一定数量的桌椅和垃圾箱。休息点应做好隔离，并有明确标识。

（5）检修开始前 7 天，各承包单位应准备充分的安全隔离设施到现场，包括安全围栏、隔离挡板、安全标志牌、临时防护围栏、临时提示遮栏等，并开始对现场隔离布置。

（6）检修开工前 3 天，各承包单位现场隔离、区域布置完毕，电力企业组织验收。

（7）在作业隔离区内，各检修单位应根据场地条件和用途划分作业区域，如工器具区、检修区、材料区、垃圾临时存放区、废油区等小区域，并绘制符合现场实际的定置图。各个区域内应整齐摆放醒目的标志标识牌。

2. 区域隔离

（1）隔离区域原则：

1）检修区域应用隔离围栏进行隔离，并设置有明显标识的出入口。

2）检修区域设置的围板、围栏做到整齐美观，作业区域内工器具、备品备件、原材料等要进行 5S 定置管理，并摆放整齐。

3）检修现场采取的所有隔离措施要考虑运行人员的巡检或操作等正常工作。

（2）隔离区域管理要求：

1）重要检修隔离区域（如汽轮机、发电机、吸收塔等区域）应设置人员进出登记表，并由专人负责管控，按标准检查登记。

2）检修隔离区域内应严格按现场平面布置图摆放主要部件，隔离区内外检修平台、格栅铺设垫板或胶皮。

3）电气设备检修、试验要按 GB 26860《电力安全工作规程（发电厂和变电所电气部分）》要求设围栏，并挂"止步，高压危险"安全警示标志牌。配电室、电子间门上粘贴"运行机组"和"检修机组"标识，以区分带电和不带电设备、区域，防止误登、误进、误碰、误动。

4）吊装作业或高处作业下方应设围栏或警戒线及"严禁靠近"的警告牌，作业区设专人监护到位，严禁无关人员逗留或通行。

5）在作业隔离区的出入口处悬挂作业信息牌，固定牢固、美观大方。作业信息牌按照要求填写单位、工作内容，负责人、联系方式、工期、危险点分析等内容。

（3）隔离标准：

1）检修机组与运行机组间的隔离应采用围挡进行硬隔离（建议采用高度为 1800mm 隔离围挡、全封闭式彩钢板或防火板），隔离围挡两侧应分别悬挂警示标识。检修侧隔离围挡上应设置明显标志"前方运行机组，检修人员未经许可禁止入内"；运行侧机组隔离围挡上应设置明显标志"前方检修机组，进入检修现场注意安全"。

2）重大技改作业区、锅炉房零米、炉后检修等区域应采用围挡进行硬隔离（建议采用高度为 1800 mm 隔离围挡、全封闭式彩钢板，彩钢板上部要做包边处理），如图 4-1 所示。隔离围挡四周应贴黄黑警示线，并在明显位置张贴安全宣传标语。

3）一般检修区域隔离、高处作业隔离、吊装作业隔离建议采用高度为 1200mm 钢质隔离围挡，如图 4-2 所示。

图 4-1　高度为 1800mm 的蓝色彩钢板隔离围挡示例

图 4-2　高度 1200mm 钢制隔离围栏示例

3. 现场看板

（1）检修主要承包单位必须按要求设置看板，主要承包单位包括锅炉、汽轮机、电气、热控、灰硫等检修主要标段和 B 类及以上的技改项目。如图 4-3 所示。

（2）主要看板要包括项目基本信息栏看板、组织机构和职责看板、安全文明施工要求看板、施工网络图、现场定置摆放看板、安全奖惩看板、安全警示标示和提示、宣传板等。

（3）根据检修区域可配置大（2m×1.4m）、中（1.2m×0.8m）、小（0.6m×0.4m）三种尺寸规格看板。

（4）现场看板可放置在检修技改现场主要平台或通道旁，以不影响检修和人员通行为宜。

（5）检修各主要工作面、主要作业点及小型技改造项目设置小型看板。

（6）检修作业点展板可包括项目名称、施工单位、施工人数、工作负责人、责任部门、现场负责人、施工进度图、安全技术交底等内容。如图 4-4 所示。

（7）检修作业点应将工作票、检修文件包、安全交底记录、每日工作计划等文件展示在看板上。

图 4-3　检修区域管理看板示例

图 4-4　检修作业点看板示例

4. 现场 5S 管理要求

（1）检修开工前必须对进、出现场的通道进行合理布置，绘制平面布置图，并张贴在检修技改现场。

（2）检修现场的布置和摆放，严格按定置图摆放。如图 4-5 所示。

（3）严禁任何单位以任何理由长期占用进、出现场的通道。

（4）检修现场要遵循"三不落地"的原则，检修用工器具、备品备件等应放在货架上或橡胶垫上，对于可能有油类或其他脏物漏出的零部件，应铺设塑料布等铺垫物。

（5）轴类和其他易滚动、易倾倒的零部件，在现场放置应使用道木或木板垫好，防止滚动、倾倒损坏设备或伤人。

（6）现场使用的工具箱应摆放整齐，所有暂时不用的工器具必须按规格、品种进行分类放在工具箱内。

（7）现场临时堆放的架板、物料必须定置存放，设立安全围栏或安全警示标志牌，悬挂临时物料存放信息牌。

（8）检修工间休息期间要整理工器具、设备及零部件，做好固定防护措施，做到"工完料尽场地清"。

图 4-5　定置管理图例

二、消防产品准入

消防产品是指专门用于火灾预防、灭火救援和火灾防护、避难、逃生的产品。公安部、原国家质量监督检验检疫总局于 2003 年 5 月联合下发了《关于加强消防产品质量监督管理工作的通知》（公通字〔2003〕38 号），规定了我国消防产品的市场准入制度。即我国消防产品的市场准入实行强制性产品认证制度和型式认可制度，尚未纳入上述制度管理的消防产品，采用强制检验制度。符合以上市场准入规则的境内、外消防产品和消防相关产品，准予在中国境内销售、使用，其质量信息统一由公安部政府网站"中国消防产品信息网"向社会发布。

承包商应评估作业现场和仓储是否有消防风险、火灾类型、火灾规模，购买、配备消防产品。施工现场常用的实习强制性产品认证的消防产品见表 4-1。

表 4-1　施工现场常用的实行强制性产品认证的消防产品

序号	类别	产品种类
1	消防水带	消防吸水胶管
2	灭火器	手提式灭火器
		推车式灭火器
		简易式灭火器
3	避难逃生产品	消防应急照明和疏散指示产品
		消防安全标志
		逃生产品
		自救呼吸器

　　购买时，应查看消防器材的外观、铭牌、相关证书，如产品合格证、市场准入证、3C 认证等。正规合格产品，其外观整洁、牌证齐全且字迹清晰。查询方式一是登录"中国消防产品信息网"，查询所购消防产品是否合格，消防产品生产厂家是否具有生产资质、是否取得相应证书、合格证。二是查看"消防产品身份信息"标志（如图 4-6 所示），消防产品身份信息标志是每件消防产品的专属身份证，具有一个独一无二的编码，详细记录消防产品的来源信息，可在"中国消防产品信息网"或"公安部消防产品合格评定中心"网上查询真伪，具体查询方法见表 4-2。若发现不合格的消防产品，可随时到公安消防大队进行举报。

表 4-2　消防产品身份信息查询方法

登录网址	14 位明码输入位置
中国消防产品信息网（http://www.cccf.com.cn/）	在"消防产品身份信息明码查询"栏目中输入
公安部消防产品合格评定中心（http://www.cccf.net.cn/）	在"消防产品生产、销售流向信息查询"栏目中输入

标志本体 （A签）
· 粘贴于产品表面
· 印有明码，与验证体明码对应

(a) 正本

标志验证体 （B签）
· 粘贴于产品合格证明
· 印有暗码图像和明码，与标志本体明码对应

(b) 副本

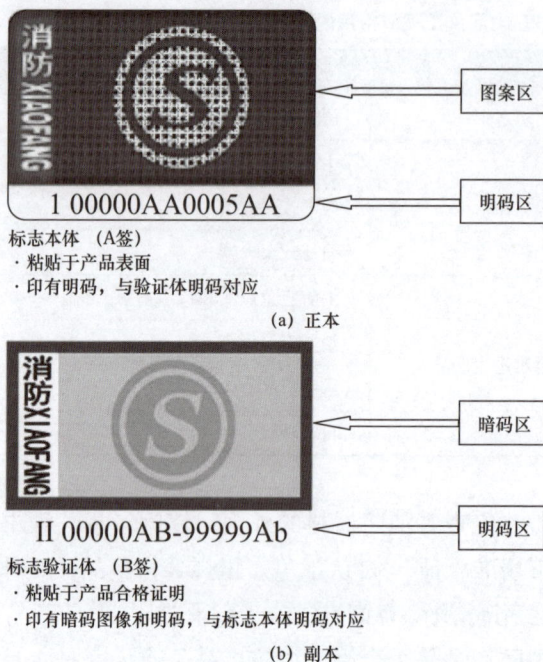

图 4-6 "消防产品身份信息标志"正副本

三、劳动防护用品管理

《安全生产法》第五十四条规定：从业人员在作业过程中，应当严格遵守本单位的安全生产规章制度和操作规程，服从管理，正确佩戴和使用劳动防护用品。

《职业病防治法》第三十四条规定：用人单位应当对劳动者进行上岗前的职业卫生培训和在岗期间的定期职业卫生培训，普及职业卫生知识，督促劳动者遵守职业病防治法律、法规、规章和操作规程，指导劳动者正确使用职业病防护设备和个人使用的职业病防护用品。

劳动者应当学习和掌握相关的职业卫生知识，增强职业病防范意识，遵守职业病防治法律、法规、规章和操作规程，正确使用、维护职业病防护设备和个人使用的职业病防护用品，发现职业病

危害事故隐患应当及时报告。

劳动者不履行前款规定义务的，用人单位应当对其进行教育。

电力企业应按照《用人单位劳动防护用品管理规范》（安监总厅安健〔2018〕3号）要求，检查承包商劳动防护用品的选择、采购、发放、培训、使用、维护、更换、报废全过程管理是否到位。

（1）防毒护具的发放应根据作业人员可能接触毒物的种类，准确地选择相应的滤毒罐（盒），每次使用前应仔细检查是否有效，并按国家标准规定，定时更换滤毒罐（盒）。

（2）对于接触各类粉尘的作业人员，承包商应为其配备符合规定的防尘口罩，严禁将纱布口罩作为防尘口罩使用。承包商应为进入高噪声区域的员工配置隔噪耳罩或耳塞。

（3）对于在施工作业中存在割、磨、烧、烫、冻、电击、静电、腐蚀、浸水等伤害的作业人员，应根据实际需要，承包商为其配备不同防护性能和材质的防护手套。

（4）对于绝缘手套和绝缘鞋，除应按期更换外，每次使用前承包商应督促使用人对其绝缘性能进行检查，并每半年对其进行一次绝缘性能复测。

（5）对于在作业中眼部可能受到铁屑等杂物飞溅伤害的作业人员，承包商应为其配备防冲击眼部防护用品，严禁使用普通玻璃镜片的眼部防护用品。

（6）对于在生产设备受损或失效时，有毒有害气体可能泄漏的作业场所，承包商除了应对作业人员配备常规劳动防护用品外，还应在现场醒目处放置必需的防毒护具，以备逃生、抢救时应急使用。同时，承包商还应指定专人和采取专门措施，保证其处于良好待用状态。

（7）对于高处作业场所，必须按规定架设安全网，所有承包商的高处作业必须使用双扣双挂五点式安全带，安全带必须经过检验合格并张贴合格证，否则不得在现场使用。

（8）用人单位应当查验并保存劳动防护用品检验报告等质量证明文件的原件或复印件。

（9）用人单位应当按照本单位制定的配备标准发放劳动防护用品，并做好登记，见表4-3。

（10）承包商使用的废弃劳动防护用品不得随意丢弃，应在其驻地设立收集点。

表4-3　劳动防护用品发放登记表

单位：

序号	岗位／工种	员工姓名	防护用品名称	型号	数量	领用人签字	备注

发放人：　　　　　　　　　　　　　　日期：　　　年　　月　　日

案例 ///

未督促从业人员正确佩戴、使用劳动防护用品，企业被处罚1万

2018年4月，内江市安监局到××铸造有限公司检查发现，铸造车间内造型工序部门员工作业时未佩戴劳动防护用品（口罩、耳塞）作业，配料工序员工作业时未佩戴安全帽和口罩等劳动防护用品，给予行政处罚1万元。

四、承包商人员在岗期间职业健康检查

《职业病防治法》第五十条规定：用人单位和医疗卫生机构发现职业病病人或者疑似职业病病人时，应当及时向所在地卫生行政部门和安全生产监督管理部门报告。确诊为职业病的，用人

单位还应当向所在地劳动保障行政部门报告。接到报告的部门应当依法作出处理。

《电力行业职业健康监护技术规范》（DL/T 325—2010）规定：在岗期间职业健康检查目的是早期发现疑似职业病或其他健康异常，及时发现职业禁忌症者；通过动态观察电力企业劳动者健康变化，评价工作场所职业性有害因素的控制效果。长期从事职业性有害因素作业的劳动者，应进行在岗期间的定期职业健康检查。

职业健康检查报告包括总结报告和体检结果报告：

（1）总结报告应包含受检单位、应检人数、受检人数、检查时间和地点，发现的疑似职业病、职业禁忌症和其他疾病的人数和汇总名单、处理建议等内容。

（2）体检结果报告应包括每个受检对象的体检表，并由主检医师审阅后填写体检结论并签名。体检发现有疑似职业病、职业禁忌症、需要复查者和有其他疾病的劳动者要出具体检结果报告，报告应包括受检者姓名、性别、接触有害因素名称、检查异常所见、结论、建议等。

（3）个体体检结论。根据职业健康检查结果，对劳动者个体的健康状况结论可分为5种：

1）目前未见异常：本次职业健康检查各项检查指标均在正常范围内。

2）复查：检查时发现单项或多项异常。需要复查确定者，结论中应明确复查的内容和时间。

3）疑似职业病：检查发现疑似职业病或可能患有职业病，需要提交职业病诊断机构进一步明确诊断者。

4）职业禁忌症：检查发现有职业禁忌症的患者，结论中需写明具体疾病名称。

5）其他疾病或异常：除目标疾病之外的其他疾病或某些检查

指标的异常。

合同期限一年以上的承包商人员，必须根据其岗位接触职业性有害因素，每年进行在岗期间职业健康检查，并建立职业健康监护档案。每年结算付款时，承包商必须提供全体人员的职业健康检查报告，体检日期距离结算付款三个月以内。体检结论为复查的，要求承包商立刻复查；体检结论为疑似职业病的，要求承包商立刻提交职业病诊断机构进一步明确。不进行在岗期间职业健康检查的，不予付款。

案例 ////

未安排在岗期间职业健康检查，企业被处罚 5 万

2018 年 3 月，内江市安监局到四川省 ×× 有限责任公司检查发现，该企业未安排职业危害涉害岗位职工罗 ×× 进行在岗期间职业健康检查，给予行政处罚 5 万元。

五、职业病危害因素和环境保护监测

《职业病防治法》第二十六条规定：用人单位应当实施由专人负责的职业病危害因素日常监测，并确保监测系统处于正常运行状态。

用人单位应当按照国务院安全生产监督管理部门的规定，定期对工作场所进行职业病危害因素检测、评价。检测、评价结果存入用人单位职业卫生档案，定期向所在地安全生产监督管理部门报告并向劳动者公布。

发现工作场所职业病危害因素不符合国家职业卫生标准和卫生要求时，用人单位应当立即采取相应治理措施，仍然达不到国家职业卫生标准和卫生要求的，必须停止存在职业病危害因素的作业；职业病危害因素经治理后，符合国家职业卫生标准和卫生

要求的，方可重新作业。

《建设工程安全生产管理条例》第三十条第二款规定：施工单位应当遵守有关环境保护法律、法规的规定，在施工现场采取措施，防止或者减少粉尘、废气、废水、固体废物、噪声、振动和施工照明对人和环境的危害和污染。

《环境保护法》第四十二条规定：排放污染物的企业事业单位和其他生产经营者，应当采取措施，防治在生产建设或者其他活动中产生的废气、废水、废渣、医疗废物、粉尘、恶臭气体、放射性物质以及噪声、振动、光辐射、电磁辐射等对环境的污染和危害。

排放污染物的企业事业单位，应当建立环境保护责任制度，明确单位负责人和相关人员的责任。

重点排污单位应当按照国家有关规定和监测规范安装使用监测设备，保证监测设备正常运行，保存原始监测记录。

电力企业在运营期，每年会定期开展职业病危害因素和环境保护监测，包括自行的日常监测和资质机构定期检测。但是在基建期、技改工程等施工期间，却容易忽略对职业病危害因素和环境保护的监测。近年来，党和政府对施工期间的扬尘等大气污染防治提出了更高的要求，要求企业安装实时监测装置，增加雾炮机、强化冲洗、渣土覆盖等措施降低扬尘污染防治。

案例 ///

通江一企业职业病防治工作不落实被罚款 30 万元

2017 年 11 月 20 日，通江县安全监管局在对全县范围内的在建重点项目作业场所开展职业病防治执法检查时，发现由华东××工程集团公司承建的"×××"高速公路杨柏隧道建设项目，施工过程中粉尘、噪声严重超标，没有实施由专人负责的职业病危害因素（粉尘和噪声）日常监测，安排未经上岗前职业健康检查的劳动者从事接触职业病危害（粉尘和噪声）作业的违法行为。为维护一线作业人员的健康权益，县安全监管局决定立案查处。

经执法人员调查查明，施工单位没有开展职业病危害因素检测，安排未经职业健康检查的工人上岗从事接触职业病的劳动作业，事实清楚，证据确实充分。

华东××工程集团公司的行为分别违反了《中华人民共和国职业病防治法》第二十六条第一款、第三十五条第二款的规定，依据《中华人民共和国职业病防治法》第七十一条第二项、第七十五条第七项的规定，决定分别给予华东××工程集团公司罚款人民币8万元、22万元，两项合并决定给予罚款人民币30万元的行政处罚，并责令其改正违法行为。

案例 ////

违规擅自施工污染环境 两企业分别被罚10万元

2017年12月2日晚8时左右，××市住建局接到举报，市城市集中供热管网扩建二期工程××大道××路南段至××路段，没有落实停工要求仍在施工。执法人员马上赶到现场，只见施工人员正在回填管沟，恢复路面，卡车卸料和回填时尘雾弥漫，裸露的土方未采取覆盖措施，现场环境脏乱差，严重违反《中华人民共和国大气污染防治法》的有关规定。执法人员当即责令停止施工，监督连夜采取防尘措施，购买无纺布覆盖裸露黄土，至3日上午10时黄土覆盖完毕。

××市住建局研究决定，对该项目建设单位××集团供热有限公司和施工单位××工程集团有限公司分别给予10万元行政处罚，对施工单位及项目经理高××记不良记录一次，并对建设单位、施工单位法人予以约谈。

六、危险废物处置

《固体废物污染环境防治法》第二十三条规定：转移固体废物出省、自治区、直辖市行政区域贮存、处置的，应当向固体废物移出地的省、自治区、直辖市人民政府环境保护行政主管部门提出申请。移出地的省、自治区、直辖市人民政府环境保护行政主管部门应当商经接受地的省、自治区、直辖市人民政府环境保护行政主管部门同意后，方可批准转移该固体废物出省、自治区、直辖市行政区域。未经批准的，不得转移。

第三十条规定：产生工业固体废物的单位应当建立、健全污染环境防治责任制度，采取防治工业固体废物污染环境的措施。

第三十二条规定：国家实行工业固体废物申报登记制度。

产生工业固体废物的单位必须按照国务院环境保护行政主管部门的规定，向所在地县级以上地方人民政府环境保护行政主管部门提供工业固体废物的种类、产生量、流向、贮存、处置等有关资料。

前款规定的申报事项有重大改变的，应当及时申报。

第四十六条规定：工程施工单位应当及时清运工程施工过程中产生的固体废物，并按照环境卫生行政主管部门的规定进行利用或者处置。

第五十二条规定：对危险废物的容器和包装物以及收集、贮存、运输、处置危险废物的设施、场所，必须设置危险废物识别标志。

第五十三条规定：产生危险废物的单位，必须按照国家有关规定制定危险废物管理计划，并向所在地县级以上地方人民政府环境保护行政主管部门申报危险废物的种类、产生量、流向、贮存、处置等有关资料。

前款所称危险废物管理计划应当包括减少危险废物产生量和危害性的措施以及危险废物贮存、利用、处置措施。危险废物管理计划应当报产生危险废物的单位所在地县级以上地方人民政府环境保护行政主管部门备案。

本条规定的申报事项或者危险废物管理计划内容有重大改变的，应当及时申报。

第五十五条规定: 产生危险废物的单位，必须按照国家有关规定处置危险废物，不得擅自倾倒、堆放；不处置的，由所在地县级以上地方人民政府环境保护行政主管部门责令限期改正；逾期不处置或者处置不符合国家有关规定的，由所在地县级以上地方人民政府环境保护行政主管部门指定单位按照国家有关规定代为处置，处置费用由产生危险废物的单位承担。

第五十七条第三款规定: 禁止将危险废物提供或者委托给无经营许可证的单位从事收集、贮存、利用、处置的经营活动。

第五十八条规定: 收集、贮存危险废物，必须按照危险废物特性分类进行。禁止混合收集、贮存、运输、处置性质不相容而未经安全性处置的危险废物。

贮存危险废物必须采取符合国家环境保护标准的防护措施，并不得超过一年；确需延长期限的，必须报经原批准经营许可证的环境保护行政主管部门批准；法律、行政法规另有规定的除外。

禁止将危险废物混入非危险废物中贮存。

第五十九条第一款规定: 转移危险废物的，必须按照国家有关规定填写危险废物转移联单。跨省、自治区、直辖市转移危险废物的，应当向危险废物移出地省、自治区、直辖市人民政府环境保护行政主管部门申请。移出地省、自治区、直辖市人民政府环境保护行政主管部门应当商经接受地省、自治区、直辖市人民政府环境保护行政主管部门同意后，方可批准转移该危险废物。未经批准的，不得转移。

第六十一条规定: 收集、贮存、运输、处置危险废物的场所、设施、设备和容器、包装物及其他物品转作他用时，必须经过消除污染的处理，方可使用。

第六十二条规定: 产生、收集、贮存、运输、利用、处置危险废物的单位，应当制定意外事故的防范措施和应急预案，并向所在地县级以上地方人民政府环境保护行政主管部门备案；环境保护行政主管部门应当进行检查。

第六十三条规定：因发生事故或者其他突发性事件，造成危险废物严重污染环境的单位，必须立即采取措施消除或者减轻对环境的污染危害，及时通报可能受到污染危害的单位和居民，并向所在地县级以上地方人民政府环境保护行政主管部门和有关部门报告，接受调查处理。

2013 年 6 月，最高人民法院与最高人民检察院联合发布了《关于办理环境污染刑事案件适用法律若干问题的解释》（法释〔2013〕15 号，以下简称《2013 年解释》），对污染环境罪的定罪量刑标准等问题作出了明确，取得了良好效果，对强化环境司法保护，推进生态文明建设，发挥了十分重要的作用。

与此同时，近年来环境污染犯罪又出现了一些新的情况和问题，如危险废物犯罪呈现出产业化迹象，大气污染犯罪取证困难，篡改、伪造自动监测数据和破坏环境质量监测系统的刑事规制存在争议等。为进一步加大对生态环境的司法保护力度，最高人民法院会同最高人民检察院，在公安部、环保部等有关部门大力支持下，经深入调查研究、广泛征求意见，制定了新的《关于办理环境污染刑事案件适用法律若干问题的解释》，对《2013 年解释》作了全面修改和完善，并于 2017 年 1 月 1 日起施行，结合当前环境污染犯罪的特点和司法实践反映的问题，依照刑法、刑事诉讼法相关规定，用 18 个条文对相关犯罪定罪量刑标准的具体把握等问题作了全面、系统的规定。主要包括以下 10 个方面的内容：

（1）明确了污染环境罪定罪量刑的具体标准。

（2）明确了非法处置进口的固体废物罪、擅自进口固体废物罪、环境监管失职罪定罪量刑的具体标准。

（3）明确了宽严相济刑事政策的具体适用。

（4）明确了环境污染共同犯罪的处理规则。

（5）明确了环境污染犯罪竞合的处理原则。

（6）明确了环境影响评价造假的刑事责任追究问题。

（7）明确了破坏环境质量监测系统的定性及有关问题。

（8）明确了单位实施环境污染相关犯罪的定罪量刑标准。

（9）明确了"有毒物质"的范围和认定问题。

（10）明确了监测数据的证据资格。

案例 ///

无资质处置危险废物污染环境案

2014年10月至2015年4月，白某在未取得危险废物经营许可证的情况下，从吴某等人处收购沾染有矿物油、涂料废物及废有机溶剂等物的废旧包装桶，并雇佣工人清洗或者切割后出售。对于清洗废旧包装桶产生的废水，白某指使工人倾倒在地上，通过铺设的管道排放至外环境。据查，吴某先后向白某出售沾染有润滑油的废旧包装桶共计50.5t。

重庆市渝北区人民法院一审判决认为：被告人白某违反国家规定，非法处置危险废物三吨以上，严重污染环境；被告人吴某明知白某无经营许可证，向其提供危险废物，严重污染环境，构成共同犯罪。据此，综合考虑被告人吴某系初犯，庭审中自愿认罪等情节，以污染环境罪判处被告人白某有期徒刑一年八个月，并处罚金150000元；被告人吴某有期徒刑一年，缓刑二年，并处罚金80000元。被告人白某提起上诉后申请撤回上诉，重庆市第一中级人民法院经审查裁定准许。

火电厂在生产检修过程中会产生废弃物，主要有废油、脱硝催化剂等。废弃物的收集、处置、分类及利用工作也是如今发电厂环保工作的重中之重。上述工作可从以下几点着手开展：

（1）电厂的环保责任制中必须包含废弃物处置的责任制，明确负责人和部门责任分工，明确各部门对废弃物产生、贮存、转移的管控要求和措施。

（2）全厂范围内辨识废弃物，尤其必须辨识危险废物的种类和年产生量。对危险废物实行特别严格的控制和重点防治的原则，能清楚正确地对废弃物进行分类识别尤为重要。对于由于工艺变更、技术的改进导致的产废环节、产污量的变化必须要有环评的支撑或环保部门书面认可的材料。例如近年来，火电厂大多进行了脱硝改造，一般采用"低氮燃烧器+SCR"改造方案，该工艺就导致电厂产生了新的危险废物——废催化剂。

（3）对于固废管理采取源头分类制度，按照危险废物特性分类收集贮存：

1）了解所产生危险废物的物理、化学特性，制定分类收集、贮存方案，明确收集、贮存注意事项。

2）不同类别危险废物应分区须存放，中间设置分隔过道或隔离墙。

3）易水解、易挥发的固体危险废物密闭包装后须设置单独区域存放。

4）容易发生反应，即不相容的危险废物禁止存放在同一空间内。

5）危险废物与一般固废不得存放于同一空间。

（4）对于危险废物贮存设施管理方法如下：

1）依法进行环境影响评价，完成"三同时"验收。

2）符合《危险废物贮存污染控制标准》的有关要求。

3）混合贮存性质不相容而未经安全性处置的危险废物。

4）严禁将危险废物混入非危险废物中贮存。

5）对于不同危废对象，危废贮存要求见表4-4。

表 4-4 危废贮存要求

项目	主要具体要求	危废对象
防扬散	全封闭	易挥发类
	负压集气处理系统	
	遮阳	高温照射下易分解、挥发类
	防风、覆盖	粉末状
防流失	室内仓库或雨棚	所有
	围墙或围堰、大门上锁	
	出入口缓坡	
	单独封闭仓库、双锁	剧毒
防渗漏	包装容器需完好无损	液体、半固体危废
	地面硬化、防渗防腐	
	渗漏液态收集系统	

（5）严格按照《固体废物污染环境防治法》中相关要求做好管理工作，具体如下：

1）设置固废标识。收集、贮存、运输、利用、处置危险废物的设施、场所，必须设置危险废物识别标志。依据《环境保护图形标志 固体废物贮存（处置）场》（GB 15562.2）在贮存场所设置警告标志。危险废物的容器和包装物的识别标志应依据《危险废物贮存污染控制标准》（GB 18597）的要求制作。

2）做好危险废物管理计划。结合环评中预计的危险废物产生种类和数量，根据生产情况，详细分析危险废物实际产生的环节和种类、数量，避免少报、漏报危险废物，其中列入《国家危险废物名录》或有危险特性的废催化剂、废活性炭等，交有资质单位回收利用。管理计划中应明确危险废物贮存场所位置、面积、"三防"措施、分类贮存要求，贮存场所面积至少应满足正常生产15日产生的各类危废贮存需要。管理计划中还应明确说明危险废物自行利用、处置措施（需有相应环评手续），而委托外部单位进行利用和处置的需将危险废物全部交给持有有效危险废物经营许可证的单位。

危险废物管理计划应在每年 11 月 30 日前将下一年度的计划报所在地县级以上地方人民政府环境保护行政主管部门备案，并保留环保部门书面备案意见。危险废物管理计划内容有重大改变的，应当在 10 个工作日内向县级以上地方人民政府环境保护行政主管部门申报并相应调整危险废物管理计划，包括下列情况之一的可视为内容有重大改变：

a. 所产生的危险废物类别发生变化的；

b. 危险废物产生数量超过预计的 20% 或者少于预计的 50% 的；

c. 危险废物自行利用、处置设备、工艺发生变化的；

d. 委托他人进行收集、贮存、利用或者处置的情况下，受托方变更的；

e. 其他重大变更事项。

3）做好危险废物申报登记。须按月在省危险废物动态管理信息系统申报危险废物产生、贮存、处置利用种类、数量等数据，申报数据须与企业日常危险废物产生、处理记录台账，管理计划等内容一致。

七、安全生产费用使用情况的检查

《电力建设工程施工安全监督管理办法》第八条规定：按照国家有关安全生产费用投入和使用管理规定，电力建设工程概算应当单独计列安全生产费用，不得在电力建设工程投标中列入竞争性报价。根据电力建设工程进展情况，及时、足额向参建单位支付安全生产费用。

第二十二条规定：施工单位应当按照国家有关规定计列和使用安全生产费用。应当编制安全生产费用使用计划，专款专用。

电力企业根据合同约定，分阶段向施工单位支付安全生产费。施工单位在开工前编制《安全生产费用使用方案》，报建设单位审批后实施。

施工单位应当根据各工程项目实际情况和企业相关安全生产工作支出统筹使用专项资金，并建立健全安全生产费用管理核算制度和安全生产费用核算制度，明确安全生产费用使用和管理的程序、职责及权限，确保安全生产费用专款专用，在财务管理中单独列出并建立台账备查。

电力企业定期检查安全生产费用使用情况：检查台账、实物、发票要对应，不得挪作他用；发现施工单位的项目安全生产费用不投入或措施不符合要求，存在安全事故隐患的，应当要求施工单位整改，情况严重的，应当要求施工单位停工整改。

竣工结算时全面核查安全生产费用使用情况，余额收回。

安全生产费用项目见表 4-5。

表 4-5　安全生产费用项目一览表

序号	措施项目名称	序号	措施项目名称
一	安全施工	3	起重设备防护措施
（一）	一般安全防护措施	4	外用电梯防护措施
1	安全帽	5	安全带
2	洞口防护栏杆（防护长度）	6	其他
3	洞口防护门	（三）	深基坑（槽）安全防护措施
4	防护棚（防护面积）	1	护栏
5	断头路阻挡墙	2	临边围护
6	安全隔离网（爆破工程）	3	上下专用通道（含安全爬梯）
7	脚手架封闭	4	深基坑监测
8	其他	5	其他
（二）	高处作业安全防护措施	（四）	外架、井架安全防护措施
1	临边防护栏杆（防护长度）	1	水平隔离封闭设施
2	高压线安全措施	2	防护棚

序号	措施项目名称	序号	措施项目名称
3	对讲机	4	防毒面具
4	其他	5	其他
（五）	安全专项施工方案编制论证审查	（八）	安全标志
1	深基坑	1	标牌、标识
2	地下暗挖，顶管工程，水下作业工程	2	交叉口闪光灯
3	高大模板工程	3	航标灯（通航要求）
4	脚手架工程	4	其他
5	工期缩短较大工程	（九）	安全专项检测
6	拆除、爆破工程	1	塔吊检测
7	其他	2	人货两用电梯检测
（六）	消防器材、设施	3	钢管、扣件检测费
1	灭火器	4	起重机械监察费
2	消防水泵	5	吊篮检测费
3	水枪、水带	6	缆绳检测费
4	消防箱	7	龙门吊检测费
5	消防立管	8	其他
6	危险品仓库搭建	（十）	职工工伤保险费、人身意外伤害保险
7	单独供电系统	（十一）	安全管理和检查
8	防雷设施	1	远程视频监控系统
9	其他	2	现场作业人员平安卡系统
（七）	特殊工程安全措施	3	塔机安全监控管理系统（黑匣子）
1	特殊作业防护用品	4	其他
2	救生设施	（十二）	现场安全保卫
3	救生衣	二	文明施工

序号	措施项目名称	序号	措施项目名称
（一）	施工现场标牌	四	临时设施
1	门楼（市政工程）	（一）	现场办公生活设施
2	标牌	（二）	临时用电
3	效果图	1	配电线路
4	其他	2	配电箱、开关箱
（二）	现场整洁	3	接地保护装置
1	围墙（按标准设置）	五	其他
2	彩钢板围护（按标准设置）	（一）	应急救援
3	地坪硬化	1	应急队伍建设
4	大门（封闭管理）	2	应急物资
5	材料堆放	3	应急演练
6	其他	4	应急宣传
三	环境保护	5	其他
1	现场绿化	（二）	安全宣传教育
2	冲洗设施、冲洗设备、保洁人员工资	1	作业人员岗前培训和三级教育
3	垃圾清运费用	2	特种作业上岗培训教育
4	除"四害"措施费用	3	企业三类人员培训教育
5	扬尘控制费用	4	安全培训教育教材
6	污水处理费用（特殊工程要求）	5	安全生产宣传活动
7	车辆密封费用	6	安全生产宣传资料
8	其他	7	其他

八、施工管理签章文件的检查

根据 GB/T 50319—2013 建设工程监理规范，总监理工程师不得将下列工作委托给总监理工程师代表：

（1）组织编制监理规划，审批监理实施细则；

（2）根据工程进展情况安排监理人员进场，调换不称职监理人员；

（3）组织审查施工组织设计、（专项）施工方案、应急救援预案；

（4）签发开工令、工程暂停令和复工令；

（5）签发工程款支付证书，组织审核竣工结算；

（6）调解建设单位与施工单位的合同争议，处理费用与工期索赔；

（7）审查施工单位的竣工申请，组织工程竣工预验收，组织编写工程质量评估报告，参与工程竣工验收；

（8）参与或配合工程质量安全事故的调查和处理。

必须由总监理工程师签章的文件有：

（1）工程开工令；

（2）工程暂停令；

（3）工程复工令；

（4）工程款支付证书；

（5）施工组织设计／（专项）施工方案报审表；

（6）开工报审表；

（7）单位工程竣工验收报审表；

（8）工程款支付报审表；

（9）费用索赔报审表；

（10）工程临时／最终延期报审表。

建市〔2008〕42号《关于印发〈注册建造师施工管理签章文件目录〉（试行）的通知》规定了14个专业必须由注册建造师签章的施工管理文件目录，其中电力工程、水利水电工程的文件见表4-6、表4-7。

表 4-6　注册建造师施工管理签章文件目录（电力工程）

工程类别	文件类别	文件名称
火电工程（含燃气发电机组）、送变电工程	施工组织管理	项目计划、目标的编制
		施工组织设计（劳动力、机械装备计划及施工方案）编制
		施工组织设计审核
		特种设备安装备案
		开、竣工手续
		与建设、监理及分包等单位的联系文件
	施工进度管理	工程计划进度及进度变更的编制
		工程进度计划的审核
		工程进度报表的编制
		工程进度报表的审核
	合同管理	工程项目分包和劳务分包的审批
		工程材料的采购招标的审批
		工程合同变更、设备缺陷确认及有关索赔审核
	质量管理	单位和分部工程及隐蔽工程质量验收记录的签证
		单位和分部工程及隐蔽工程质量验收记录的审核
		工程阶段验收及签证
		质量事故的处理
		工程竣工验收、移交
	安全管理	签订项目承包安全责任书
		施工安全技术措施和事故预案的审批
		分包项目安全管理协议审核
		安检报告、事故报告的审核
	现场环保文明施工管理	施工现场文明及环保方案的审批
		施工现场文明及环保的检查、监督
	成本费用管理	工程成本计划、用款计划审核
		工程款、分包款的收支审核
		项目的各种保险审核
		阶段经济分析的审核
		工程竣工结算
		有关的工程经济纠纷处理
		工程成本分析及配合项目审计

注　核电工程、风电工程等电力专业工程参照上表执行。

表 4-7　注册建造师施工管理签章文件目录（水利水电工程）

工程类别	文件类别	文件名称
水库工程（蓄水枢纽工程）	施工组织管理	施工组织设计报审表
		现场组织机构及主要人员报审表
	施工进度管理	施工进度计划报审表
		暂停施工申请表
		复工申请表
		施工进度计划调整报审表
		延长工期报审表
	合同管理	合同项目开工申请表
		合同项目开工令
		变更申请表
		变更项目价格签认单
		费用索赔签认单
		报告单
		回复单
		施工月报
		整改通知单
		施工分包报审表
		索赔意向通知单
		索赔通知单
	质量管理	施工技术方案报审表
		联合测量通知单
		施工质量缺陷处理措施报审表
		质量缺陷备案表
		单位工程施工质量评定表
	安全及环保管理	施工安全措施文件报审表
		事故报告单
		施工环境保护措施文件报审表
	成本费用管理	工程预付款申请表
		工程材料预付款申请表
		工程价款月支付申请表
		完工／最终付款申请表
	验收管理	验收申请报告
		法人验收质量结论
		施工管理工作报告
		代表施工单位参加工程验收人员名单确认表

注　防洪工程、治涝工程、灌溉工程、供水工程、发电工程、拦河水闸工程、引水枢纽工程、泵站工程（提水枢纽工程）、灌溉渠道或排水沟、灌排建筑物、农村饮水工程、河湖整治工程（含疏浚、吹填工程等）、水土保持工程（含防浪林）、环境保护工程等水利水电专业工程参照上表执行。

第三节 高风险作业

高风险作业是指在生产作业过程中造成人员伤害、财产损失、环境污染的可能性比较高或后果的严重性比较大的相关作业过程，主要类别见表4-8。

表4-8 高风险作业类别

序号	高风险作业类别	序号	高风险作业类别
1	高处作业	5	动火作业
2	脚手架	6	临时用电
3	起重作业	7	邻近带电体作业
4	受限空间作业	8	交叉作业

据住房和城乡建设部统计，每年建筑业人身伤亡事故中，高处坠落占45%，起重伤害占8%。据国家能源局统计2005年～2015年发电企业人身伤亡事故中，高处坠落占26%，起重伤害占9%。对高处坠落事故发生部位再进行分析：建筑业的事故中脚手架占23%，临边孔洞占34%；发电企业的事故，脚手架占21%，临边孔洞占43%。

一、高风险作业一般要求

1. 高风险作业准备

（1）工作负责人应对作业项目进行工作安全分析，填写工作安全分析表。

（2）高风险作业开工前，工作负责人应对工作班成员进行安全交底，检查工作班成员身体及精神状态，检查特种作业人员的持证情况，检查防护用品及工器具的状况，检查作业环境危害因素的控制情况。

（3）工作负责人由外委单位人员担任时，由承包商指定专人进行工作安全分析及安全交底。

（4）高风险作业必须严格严格履行审批手续。

2. 安全管理要求

（1）高风险作业项目开工前应根据影响范围对作业区域进行隔离，并设有警示标识。同时在现场设置高风险作业监督检查信息牌，工作负责人、安全员、监理及用工管理部门专业人员必须每日进行检查签字确认。

（2）每日开工前应结合当日工作内容进行安全交底。

（3）每日开工前应做好安全设施、工器具、安全措施、作业环境的检查等工作。

（4）部门负责人、班组长、安全员、工作负责人应对高风险作业进行过程监督，对施工中检查发现的违章问题及时通报并考核；对于重复违章人员或严重违章人员清退出厂，并列入黑名单，永远禁止其入厂。

（5）工作负责人、项目负责人要依据高风险作业的实际状况和各项措施及方案的实施情况进行动态评估。

（6）高风险作业结束后，项目负责人和工作负责人共同检查高风险作业区域，确认无问题后方可结束作业。

（7）经评定属高风险作业的，作业现场须设置监护人，监护人应熟悉应急预案，掌握和熟练使用配备的应急救护设备、设施、报警装置等，并坚守岗位。

二、高处作业安全控制措施

1. 一般措施

（1）患有不适宜进行高处作业疾病的人员不得从事高处作业。

（2）相关方在组织高处作业时应充分做好方案编制和人员安排，开工前应确认人员状态。

（3）临边作业、洞口作业、通道口等处应设置规范的防护措施，设置作业平台，其强度、护栏高度应符合规范要求。

（4）高处作业应设置可靠的安全带悬挂点，作业人员必须正确使用安全带，高处作业区使用的专用安全绳、安全带、安全网等需经过相关检验合格。

（5）高处作业区域下方应设防护遮栏并挂安全标志牌，设专人监护。

（6）高处作业时严禁负重或手拿物件攀爬竖梯，工器具应绑扎使用，物品、物件应放置牢靠。

（7）遇有6级及以上的大风以及暴雨、打雷、大雾等恶劣天气，应停止露天高处作业。

2. 对临边孔洞的专项管理

（1）现场临边作业前，或格栅、栏杆的异动时，工作负责人提前通知安全监理到场。安全防护措施完成后，监理验收是否符合安规，警示标识是否设置齐备，挂《临边作业、孔洞验收单》，见表4-9，拍照留存。

（2）工作结束后，准备恢复回装前，提前通知安全监理到场。整个工作应连续完成，严禁中间停顿、人员离开，不得在光线不好时进行。安全监理拍照留存，并保管验收单。

（3）监理每天巡视安全防护设施状态是否良好，是否有不按专项管理执行的施工单位。

管理流程如图4-7所示。

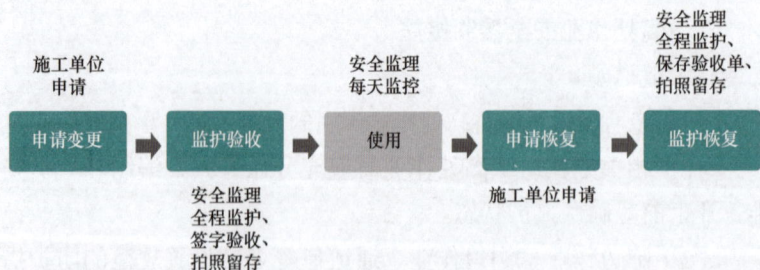

图4-7 临边孔洞专项管理流程

表 4-9 临边作业、孔洞验收单

作业单位	
工作区域	
工作负责人	
联系电话	
计划工作时间	年 月 日—— 年 月 日
安全防护措施情况	
计划恢复时间	年 月 日

验收合格，准许工作。

　　　　　　监理：

　　　　　　　　　　　　　　年　　月　　日　　时　　分

见证恢复完成。

　　　　　　监理：

　　　　　　　　　　　　　　年　　月　　日　　时　　分

案例 ////

　　2005 年 10 月 16 日，某电厂检修项目部电气焊工郭某和安装工罗某进行 2 号炉电除尘北侧标高 27.35m 处平台、栏杆安装工作。10 时 50 分左右，当罗某从平台西半部向东半部取电焊条，经过二室二电场北侧灰斗 0.28m 宽的北侧风板上边沿时（此段北侧因被施工设备摆杆占据，平台还未安装，留有 2.2m×1.85m 的空洞；南侧为灰斗，无任何防护设施），不慎坠落在内侧标高 9m 的灰斗西侧风板上，头部撞击灰斗侧风板后，掉入灰斗底部。

三、脚手架作业安全控制措施

　　脚手架专项管理流程如图 4-8 所示。

　　（1）人员、材料入厂。开工前，承包商将脚手架搭设人员的资质和材料原件、检测报告报专项管理人员审核。

　　（2）审批脚手架专项施工方案。需要编制专项施工方案的，搭设单位提前编制完成，报专项管理人员审批后施工。

　　（3）脚手架验收。搭设单位在脚手架搭设完毕前 1h 通知专项管理人员、使用单位工作负责人验收。专项管理人员提出整改要求搭设单位应执行。验收合格后，三方签字挂牌方可使用。脚手架异动需要三方再次验收签字。

（4）脚手架使用检查。专项管理人员每天 12 点前完成脚手架的检查并签字，对未走流程使用、未经验收使用、异动未验收的搭设单位、使用单位进行处罚。

（5）使用"脚手架管理系统"软件。脚手架的申请、验收、拆除等全过程可通过自主开发的"脚手架管理系统"软件实现。如图 4-9 所示。

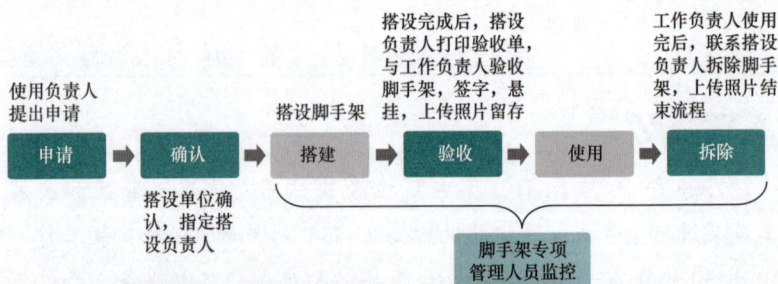

图 4-8　脚手架专项管理流程

图 4-9　脚手架管理系统

案例 ///

2014 年 6 月 24 日，某电厂外委单位在某电厂炉膛内脚手架拆除中，利用炉膛内升降平台进行屏式过热器脚手架拆除工作，其中 2 人负责拆除作业，2 人负责钢架板接卸堆放作业，平台发生倾斜、坍塌，2 名正在堆放钢架板作业的人员随钢架板自 32m 坠落到炉底 13.5m 的脚手架上，造成 1 死 1 伤。

四、起重作业安全控制措施

起重作业专项管理流程如图 4-10 所示。

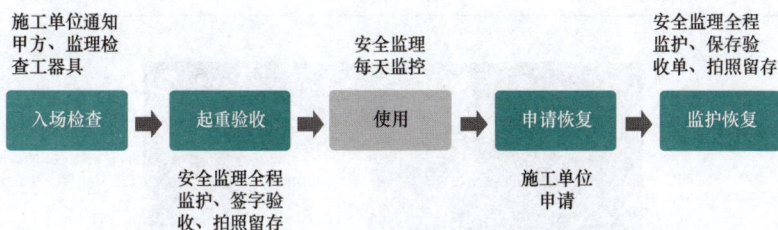

施工单位通知　　　　　　　　安全监理　　　　　安全监理全程
甲方、监理检　　　　　　　　每天监控　　　　　监护、保存验
查工器具　　　　　　　　　　　　　　　　　　　收单、拍照留存

入场检查　➡　起重验收　➡　使用　➡　申请恢复　➡　监护恢复

　　　　　安全监理全程　　　　　　　　施工单位
　　　　　监护、签字验　　　　　　　　申请
　　　　　收、拍照留存

图 4-10　起重作业专项管理流程

（1）人员、机具入厂。起重作业单位将起重作业人员资质，起重机械（钢丝绳、吊钩、手拉葫芦、汽车吊等）的清单、实物、检验合格证书报专项管理人员查验。

（2）审批起重作业专项施工方案。符合建质〔2009〕87 号《危险性较大的分部分项工程安全管理办法》，需要编制专项施工方案的，起重作业单位提前编制完成，报专项管理人员审批后施工。

（3）起重作业前的检查验收。起重作业单位在第一次起重作业前 1h 通知专项管理人员验收。起重作业包括使用手拉葫芦、电动葫芦、汽车吊、行车等。专项管理人员提出整改要求起重作业单位应执行。验收合格后，专项管理人员填写《起重作业许可单》（见表 4-10），张贴在起重设备上方可使用，如图 4-11 所示。《起重作业许可单》有效期2天，过期需重新联系专项管理人员许可。

表4-10　起重作业许可单

起重作业编号	
作业单位	
工作内容	
工作地点	
计划作业时间	月　　日—　　月　　日
工作负责人	

经检查，起重作业各项措施完备，验收合格，准许进行起重作业。

起重专项管理：　　　　　　　　　许可时间：

图4-11　起重作业许可单的使用

案例 ///

　　某电厂6号机组（330MW）自2010年4月1日起进行C级检修。4月10日上午，C磨煤机检修工作负责人于某某与同组工作人员把C磨煤机磨辊及翻辊工具安装完毕。12：40左右，于某某、姜某某、王某按照班长常某的安排，清理磨煤机施工现场。于某某等三人使用电动葫芦（起吊重量12.5t，高度12.6m）将磨煤机拆下的排渣刮板等吊装至E磨煤机（C磨煤机东侧）空地处的铁制拖斗上，再由叉车将拖斗外运，其中，于某某为电动葫芦操作人。

13：05左右，进行第四次吊装（每次五块，单块约30kg），姜某某在磨煤机平台固定好排渣刮板后顺台阶往下走，准备去拖斗处与王某一起卸排渣刮板，于某某负责起吊。13：10左右，于某某站在叉车拖斗东侧（E磨煤机西侧）操作吊车控制按钮，当电动葫芦吊着排渣刮板行至叉车拖斗附近时（此时姜某某在于某某东南向1.5m左右），刮板掉落，事故发生。14：40左右，于某某经抢救无效死亡。

五、受限空间作业安全控制措施

受限空间是指进出口受限，通风不良，可能存在易燃易爆、有毒有害物质或缺氧，对进入人员的身体健康和生命安全构成威胁的封闭、半封闭设施及场所，如反应器、塔、釜、槽、罐、炉膛、汽包、管道以及地下室、窖井、坑（池）、下水道或其他封闭、半封闭场所。这些场所内作业必须做好防止气体中毒、缺氧窒息、高温烫伤、高温中暑、碰伤、触电、易燃易爆等情况发生的措施。

（1）受限空间作业前，需判断施工作业存在的安全风险和事故隐患。

（2）应对从事受限空间作业的现场负责人、监护人员、作业人员、应急救援人员进行专项安全培训。专项安全培训应包括下列内容：

1）受限空间作业的危险有害因素和安全防范措施。

2）受限空间作业的安全操作规程。

3）检测仪器、劳动防护用品的正确使用。

4）紧急情况下的应急处置措施。

（3）工作人员应身体健康，精神状态良好，工作人员的劳动防护用品应齐全完整，符合所从事工作的要求。

（4）受限空间作业必须严格遵守国家安监总局发布的《有限空间安全作业五条规定》：

1）必须严格实行作业审批制度，严禁擅自进入有限空间作业；

2）必须做到"先通风、再检测、后作业"，严禁通风、检测不合格作业；

3）必须配备个人防中毒窒息等防护装备，设置安全警示标识，严禁无防护监护措施作业；

4）必须对作业人员进行安全培训，严禁教育培训不合格的人员上岗作业；

5）必须制定应急措施，现场配备应急装备，严禁盲目施救。

（5）在受限空间内作业，工作前和工作中应向受限空间内通风（空气），随身携带四合一气体检测仪（检测氧气、硫化氢、一氧化碳和可燃气体）、温度计，测量可燃易爆、有毒有害气体含量、工作温度等应符合要求，禁止通入氧气。

（6）在受限空间内作业，应使用安全电压照明，装设漏电保护器，漏电保护器、行灯变压器、配电箱（电源开关）应放在受限空间外。

（7）禁止在受限空间内同时使用电、气焊。

（8）工作结束后应将受限空间人孔门关闭，悬挂"禁止入内"警告牌。如需通风不能关闭人孔门，但应设置密目网，悬挂"禁止入内"警告牌。

（9）为避免盲目施救，电力企业应配备受限空间应急装备，主要包括呼吸防护用品、应急通信报警器材、快速检测设备、大功率强制通风设备、应急照明设备、安全绳、救生索、安全梯。

案例 ////

2016年2月23日，某热电厂检修维护部锅炉车间工作负责人张某某办理了"1号炉C磨煤机内部检查"工作票，于当日中午开始检修工作，计划25日16时30分结束。2月25日13时40分，制粉班班长李某某和2名工作班成员王某某、谭某进入1号炉C

磨煤机入口热风道内进行作业，另一工作班成员王某某在热风道外监护。14 时 13 分，C 磨煤机热一次风气动插板门被就地开启，热风道内 3 名工作人员被困。16 时 13 分，3 名被困人员被救出，经抢救无效后死亡。

六、动火作业安全控制措施

（1）凡是在厂区内进行电、气焊、切割、钻磨等动火作业，必须执行动火管理制度，办理动火工作票，采取安全防火措施，并做好监护。

（2）凡是在容器、塔罐、管网等生产设施上进行动火作业，必须将其与生产系统彻底隔离，并进行清洗置换，取样分析合格后方可进行作业。

（3）易燃易爆垃圾要单独存放，远离火源，及时清理。

（4）交叉作业涉及动火作业时，人员必须在动火作业最下方做好监护和区域隔离，如铺设防火毯、设置接火盒等。

（5）高处动火作业必须佩戴安全带；施焊和被焊器件、工具必须牢固可靠，防止坠落。

（6）动火作业前，应检查电、气、焊工具，保证安全可靠，动火工作票签发人和各级审核人现场检查防火安全措施正确完备。

（7）现场动火作业时必须做好防止火花四溅的措施后（如动火下方放置接火盆）方可动火。

（8）动火作业完毕后，及时清理现场，观察半小时后，确认无残留火种，方可离开。

（9）现场露天存放的气瓶，应用帐篷或轻便的板棚遮护，周围禁止放易燃易爆物品，气瓶周围应放置灭火器材。

（10）氧气瓶、乙炔瓶及其他易燃、易爆物品不得混装、混放，使用中两瓶水平距离不得小于 5m，与明火保持不小于 10m 的水平安全距离。

（11）锅炉炉膛内脚手架及其他受限空间内的动火作业，必须制定作业方案，做好防火措施和应急措施。

案例 ////

2010年3月16日，陕西东部某电厂在大修期间，由河南某塑料厂承包该电厂原煤仓防磨衬板更换，仓内4名工作人员负责固定，仓外4名工作人员负责下料及给料。13时30分左右，当仓内4人工作至距仓顶3m处时，电焊火渣掉在搭建的竹架板上，导致起火，火势迅速蔓延。仓内工作人员呼喊仓外工作人员救火，仓外工作人员提着灭火器救火时，发现火势很大，遂立即报警。接警后，当地公安消防人员迅速赶赴现场，约一个小时左右大火被扑灭。经现场搜救，发现仓内4人已经死亡。

七、临时用电安全控制措施

（1）因工作需要必须在现场敷设临时电源时，承包商使用单位应事先向用工管理部门提出书面申请，由用工管理部门审核并监督临时电源的敷设工作。

（2）临时电源使用前应进行负荷计算，合理分配负荷，禁止超载用电。

（3）临时用电应符合"三级配电、两级保护"和"一机、一闸、一保护的要求"

（4）现场临时装拆线必须由有资格的电工进行，禁止私自装拆线。引接380V电源必须使用五芯电缆，引接220V电源必须使用三芯电缆。

（5）检修电源箱须上锁管理，临时电源线缆需使用航空插头连接，并悬挂标示牌，标明电缆走向，负载名称等信息。

（6）临时用电配电箱内配电设施需完整，漏电保护器等安全设施齐全，并检验合格，配电箱须完整、无破损，并有防火、防雨功能，外壳本体应接地良好。

（7）电源线一般需要架空敷设，不准接触高温物体，不准放在潮湿地面、铁栅上、通道上；若不能架空，需要做好防止碾压的措施。

（8）作业期间，各用电设备电缆绝缘良好，设备外壳必须良好接地，压接牢固。

（9）工作人员收工后或长时间离开现场或遇临时停电时，应切断用电设备的电压。

案例

1999 年 8 月 15 日，某厂电力实业开发公司承保地下排水工程，在地坑深度 5.8m 作业过程中，因地下水上涨，必须要用抽水泵将坑内水抽净，于是唐某取来小型抽水泵，与另外一名在场的电工王某开始电源接线工作。王某在地坑上面，唐某在地坑内接电线，唐某在地坑内喊王某投电源试转，王某确认后就登上工具箱上部投电源，先投熔断器，又投开关把手，王某从工具箱上面下到地面时，听到第坑内有人喊"有人触电了"，王某这时又立即登上工具箱拉开电源开关，唐某已仰卧在地坑内，经抢救后无效死亡。

八、邻近带电体作业安全控制措施

（1）邻近带电体作业时，应办理工作票，并且要评估满足安全距离后方可进行工作。

（2）邻近带电体作业前，工作负责人应对作业环境进行检查，根据结果制定防范措施。

（3）邻近带电体作业必须设置监护人，监护人不得进行作业活动，作业环境复杂时应增设监护人。

（4）作业人员和监护人员应具备电气安装特种作业操作资格。

（5）作业人员应穿棉质工作服和绝缘鞋，并站在干燥绝缘

物上。

（6）邻近带电体作业应在良好天气下进行。雷雨、冰雹、雾霾、风力大于 5 级时，不得在室外进行邻近带电体作业。因抢险救灾，必须在恶劣天气等特殊情况下进行邻近带电体作业时，应制定专项安全技术措施。

（7）作业人员及其安装、使用的工器具、设备、材料与带电体之间应采取绝缘隔离措施。

（8）严禁使用无绝缘防护的金属材质工器具，严禁使用绝缘损坏的电气工器具。

（9）工作结束后施工现场应清理干净，退出绝缘隔离措施。

案例 ///

1999 年 4 月 2 日 8 时，某电厂一名进行正常检查的配电检修工发现 5 号炉 1 号除尘器 1 室一电场下部阴极振打器没有振打撞击声，让运行值班员将该振打器控制方式由程控改为连续，以便判断是否存在故障，当时，检修除尘班班长、技术员尹某等人正在电除尘控制室。尹某在没有和其他人打招呼的情况下，自己来到了 1 号除尘器室 1 室一电场下部阴极探打器处，擅自打开了 1 室一电场阴极振打器保温箱的检修孔，当伸手用石笔在振打轴上划线时，阴极振打油所带 46kV 高压直流电对其放电，致其死亡。

九、交叉作业安全管理

（1）在同一作业区域内施工应尽量避免交叉作业，在无法避免交叉作业时，应尽量避免立体交叉作业。若确实同一区域存在两个及以上施工单位同时作业时，用工管理部门应组织施工单位签订交叉作业安全协议书，明确现场边界、作业顺序、联络手段等。

（2）因工作需要进入他人作业场所，必须以书面形式向对方告知，说明作业性质、时间、人数、动用设备、作业范围、需要配合事项。

（3）交叉作业各方施工前，应当互相告知本方施工作业的内容、安全注意事项。

（4）上下交叉作业时，应按照上方作业保护下方的原则，应在作业前对施工区域采取隔离措施，设置安全警示标识，防止高空坠物等危及下方人员和设备的安全。

（5）在同一作业区域内进行焊接等动火作业时，必须事先通知其他作业单位做好防护措施，并配备合格的消防器材，消除现场易燃易爆物品，同时办理动火作业票。

（6）作业各方应共同维护好作业环境，确保设备运行、维修、停放安全。设备维修时，按规定设置警示标志，谨防误操作引发事故。

（7）作业人员在交叉作业时不得在上下贯通同一垂直面上工作，后行作业人员注意避让先行作业人员。

（8）禁止下层作业人员在防护栏杆、平台等构件的下方休息、逗留。

案例

1996年2月2日，某电厂锅炉本体班在3号炉捞渣机和碎渣机的改进工作中，两组工作人员共同作业，一组5人负责调整捞渣机刮板间距，另一组4人处理碎渣机内部冲灰水管。

当日14时30分负责调整捞渣机刮板间距的小组要试转捞渣机，小组负责人安排工作组成员李某到零米值班室要求启动捞渣机，值班员韩某两次对李某说"碎渣机中有人，不能启动"，李某说"没人，可以启动"。韩某没到现场检查，按启动程序转动碎渣机，将另一工作组成员卢某的右腿绞住，救出后送医院抢救，右腿因重伤截肢。

第四节　设备试转管理

设备试转是机组检修后需要进行的一项重要工作，它主要目的是确认检修或技改效果，检验设备性能，找出或发现缺陷并消除，检查设备的设计和安装质量，检验设备是否能达到制造厂铭牌所规定的各项设计参数，检验设备能否满足其连续安全、经济、稳定运行，收集试转的参数，为设备的安全、经济运行提供依据。

一、设备试转的准备

（1）检修单位对所修设备申请试转，填报并执行审批流程，根据试转措施，完成设备试转所需临时措施的安装和拆除。

（2）用工管理部门专业人员提前两个工作日将经过审批的试转方案提交给当班值长。

（3）用工管理部门专业人员提前两天将审批后的"设备试验、试转申请单"及相关资料提交当班值长。

（4）值长接到试转申请后应积极创造试转条件，包括：

1）检查试转设备及系统所有工作票按要求收回，包括电气一、二种工作票、热机工作票。

2）联系承包商作业人员确认试转设备电源开关试验位传动良好，保护定值正确、投入正常。

3）联系热控人员确认试转设备及系统各参数测点指示正常、压力开关、阀门、联锁保护传动正常；

4）运行人员与承包商作业人员共同确认检修工作已结束，安全措施已拆除后，联系监盘人员确认联锁自投在解除位（如线路试送电，则重合闸在退出位）；

5）摇测设备绝缘合格，将设备送电；

6）转机设备单体试运前对试运条件进行确认。

二、试转需具备的现场条件

（1）润滑、冷却介质合格、液位正常。

（2）各设备裸露的转动部分应装好保护罩，电机外壳接地良好。

（3）主要设备试验、试转区域设围栏并挂警告牌。

（4）现场照明充足或完好备用。

（5）现场有足够的消防器材、消防水系统有足够的水源及压力、并处于备用状态。

（6）试转范围内脚手架已全部拆除（必须保留的脚手架不得妨碍人员通行和设备运行），环境已清理干净，现场的沟道及孔洞盖板齐全，临时孔洞装好护栏及盖板，平台有正规的楼梯、通道、过桥栏杆及底部护板。

（7）试转范围内场地平整、道路（包括消防道路）畅通。

（8）通信设施齐全。

三、试转期间规定

（1）试转期间各项操作调整指令必须由值长下令执行。

（2）试转时，相关责任人必须到现场，包括工作负责人、运行人员、作业人员、用工管理部门专业人员，重大试验应由生产分管领导统一指挥。

（3）试转过程中，发生危及人身、设备安全时，试转人均可终止，紧急停止试运设备，再作汇报。

（4）试转过程中，试转人员要定期测量转机参数，工况发生变化后需再次测量相关参数。

四、试转结束后规定

（1）检修单位记录设备试验、试转相关数据。

（2）试验结束后试验方案和试验数据统计表格由用工管理部门专业人员收回。

（3）用工管理部门专业人员组织对试转数据进行分析比对，发布试转报告。

（4）试转验收正常后，工作负责人办理工作票终结手续。

（5）试转结束后相关责任人负责将试转数据记入设备台账，重要参数及异常现象记入值长、主值运行日志中。

（6）试转结束后，设备试转申请单交值长，归档保存。

第五节　承包商奖惩制度

建立承包商的奖惩管理制度，能够加强电力企业对承包商的安健环管理，促进和提高承包商的安健环管理水平，控制和消除人的不安全行为、物的不安全状态，管理违章，有效减少承包商事故的发生。承包商的奖惩管理主要包括承包商奖励、经济处罚和诚信考核三个部分。

一、奖励

满足以下条件之一的，可予以奖励：

（1）工作努力，业务纯熟，能适时完成重大或特殊交办任务。

（2）品行端正，恪尽职守，有具体事迹。

（3）做对公司有益行为，并产生较大影响，为公司赢得荣誉。

（4）遇有事故勇于负责，处置得当。

（5）节约物料或对废物利用，成效显著。

（6）对电力企业生产技术或管理制度的改进提出建议，经采纳执行，卓有成效。

（7）制止或揭发侵害公司利益的行为，为企业挽回形象或财产损失。

（8）承担巨大风险，挽救企业财产，表现尤为突出。

（9）通过自身努力，避免了企业重大质量、安全、设备事故。

（10）其他重大贡献，经认定有奖励必要的。

二、处罚

对承包商的不安全行为应进行考核。满足以下条件之一的，应予以处罚：

（1）承包商在合同执行过程中发生人员伤害或设备损坏事故，电力企业应按合同约定对承包商予以处罚。

（2）施工作业人员有习惯性违章行为，不服从管理，对提出的问题不进行整改，电力企业可视情节轻重令其停止施工、退出现场，并给予经济考核，同时对监督不到位的项目负责人进行考核。

（3）施工监理单位未认真履行职责，所监理承包商发生违反质量、安健环方面的事件及违章，将对监理单位进行连带责任的考核。

对承包商经济性考核由工程项目管理部门在付款时从中扣除，各职能部门在付款审批单上会签。

三、诚信考核

《国家能源局关于推进电力安全生产领域改革发展的实施意见》（发改能源规〔2017〕1986号）中规定：健全企业安全资信管理。电力企业要强化安全资质准入管理和业务评价准入参考机制，建立承包单位安全履职能力基础信息数据库，健全承包单位安全履约评价动态管控机制，实行承包单位和管理人员安全资信"双报备"制，施工作业人员安全资信与安全记录"双审核"制。电力企业承包商及作业人员应建立诚信考核管理制度，能够有效提高承包商安全管理水平。

承包商诚信管理应依据企业承包商管理的相关标准执行。具体如下：

（1）电力企业可以对承包商进行诚信管理，建立承包商及其员工的诚信记录，诚信管理适用于所有入场工作的承包商及承包商员工。承包商及其员工发生违反公司管理制度行为时，视为对公司的不诚信。公司及相关管理部门有权按照规定进行扣分。承包商的及其员工的诚信扣分采用正累积，并实时公示，接受查询。

（2）当承包商员工个人年度诚信扣分分值达到清退标准时，将其清退出厂，列入黑名单，永远禁止此员工入厂从事任何工作。

（3）承包商年度累计诚信扣分达到不及格标准，合同期满后进入黑名单，公司终止其续标和投标资格，并将情况上报。

（4）设置监理的分级检修或技改等项目的承包商若发生诚信扣分的，监理单位将连带扣除分值的一半，计入监理单位的诚信档案。

（5）管理部门自主进行的承包商诚信扣分，可向公司申明备案，计入承包商的诚信档案。

（6）承包商的诚信档案每个合同年清零重新累积，企业有权将承包商的诚信档案应用包括且不限于承包商合同续签、定期评价等方面。

第一节　车辆、驾驶人员日常管理

一、一般车辆管理

1. 一般车辆要求

（1）所有承包商入厂机动车辆必须向公安机关交通管理部门申请注册登记，领取号牌，行驶证，方准行驶，号牌需按指定位置安装，并保持清晰。号牌和行驶证不准外借、涂改或伪造，如图 5-1 所示。

图 5-1　机动车行驶证

（2）机动车号牌应当悬挂在车前、车后指定位置，保持清晰、完整。重型、中型载货汽车及其挂车、拖拉机及其挂车的车身或者车厢后部应当喷涂放大的牌号，字样应当端正并保持清晰。

（3）机动车检验合格标志、保险标志应当粘贴在机动车前窗右上角。

（4）机动车喷涂、粘贴标识或者车身广告的，不得影响安全驾驶。

（5）用于公路营运的载客汽车、重型载货汽车、半挂牵引车应当安装、使用符合国家标准的行驶记录仪。

2. 一般车辆驾驶人员要求

所有机动车辆，其驾驶人员必须持有公安机关交通管理部门颁发的机动车驾驶证。持证人员不得驾驶准驾车型以外的机动车辆。机动车驾驶证准驾车型见表5-1。从事货物运输的，还应当持有"道路运输从业人员从业资格证"，如图5-2所示。

表 5-1　常见的进入电力企业厂区的机动车驾驶证准驾车型对照表

准驾车型	代号	准驾的车型	准驾的其他车型
大型客车	A1	大型载客汽车	A3、B1、B2、C1、C2、C3、C4、M
牵引车	A2	重型、中型全挂、半挂汽车列车	B1、B2、C1、C2、C3、C4、M
中型客车	B1	中型载客汽车（含核载10人以上、19人以下的城市公共汽车）	C1、C2、C3、C4、M
大型货车	B2	重型、中型载货汽车；大、重、中型专项作业车	C1、C2、C3、C4、M
小型汽车	C1	小型、微型载客汽车以及轻型、微型载货汽车、轻、小、微型专项作业车	C2、C3、C4
小型自动挡汽车	C2	小型、微型自动挡载客汽车以及轻型、微型自动挡载货汽车	
低速载货汽车	C3	低速载货汽车（原四轮农用运输车）	C4
三轮汽车	C4	三轮汽车（原三轮农用运输车）	
轮式自行机械车	M	轮式自行机械车	

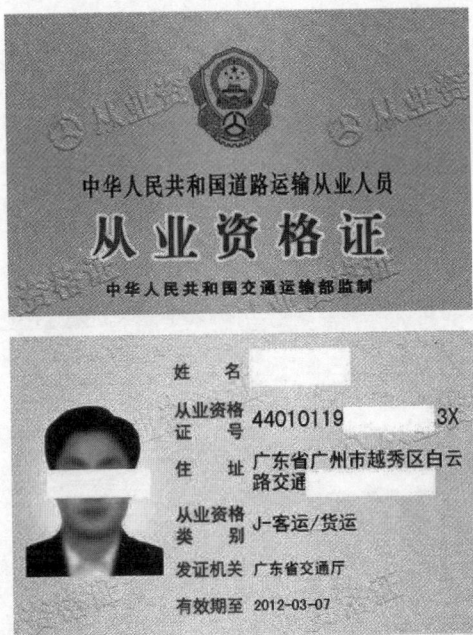

图 5-2 道路运输从业人员从业资格证

机动车驾驶人初次申领机动车驾驶证后的 12 个月为实习期。在实习期内驾驶机动车的，应当在车身后部粘贴或者悬挂统一式样的实习标志。

机动车驾驶人在实习期内不得驾驶公共汽车、营运客车或者执行任务的警车、消防车、救护车、工程救险车以及载有爆炸物品、易燃易爆化学物品、剧毒或者放射性等危险物品的机动车。实习期内驾驶的机动车不得牵引挂车。

二、危化品车辆管理

1. 危化品车辆要求

（1）危险品运输车辆所需证件包括：

1）交通主管部门核发的危险货物运输道路运输证，需注明危险货物种类，危险货物运输道路运输证，如图 5-3 所示；

173

2）公安车管部门核发的有效行驶证;

3）槽罐车还应经质量技术监督部门检验合格后，持有其核发的移动式压力容器使用登记证（如图 5-4 所示），并在检验合格期内;

4）剧毒化学品公路运输通行证（运输剧毒化学品）;

5）按要求悬挂交通部门核发的危运标志灯、牌。

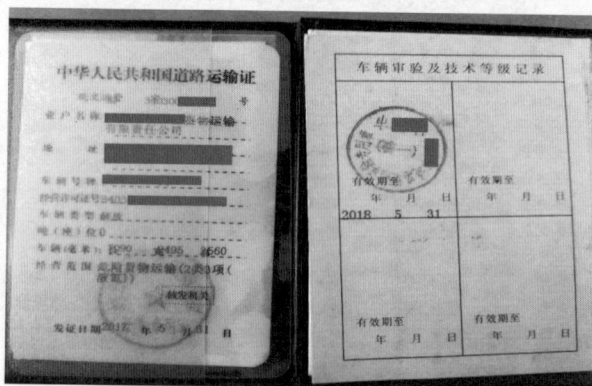

图 5-3　危险货物运输道路运输证

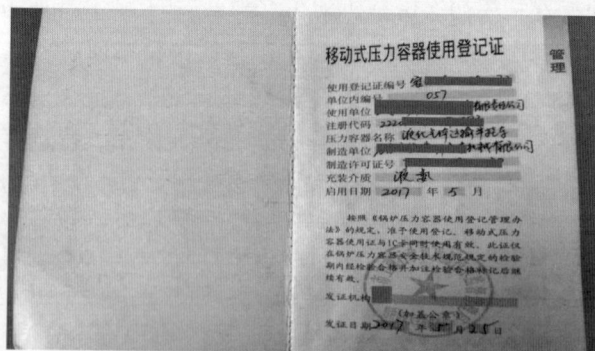

图 5-4　移动式压力容器使用登记证

（2）车辆安全要求

1）危化品运输必须使用专用车辆，车辆技术性能符合国家标准《营运车辆综合性能要求和检验方法》（GB 18565）的要求；技术等级达到行业标准《营运车辆技术等级划分和评定要求》（JT/T 198）规定的一级技术等级。

2）车辆外廓尺寸、轴荷和质量符合国家标准《道路车辆外廓尺寸、轴荷和质量限值》（GB 1589）的要求。

3）车辆燃料消耗量符合行业标准《营运货车燃料消耗量限值及测量方法》（JT 719）的要求。

4）配备有效的通信工具。

5）车辆应当安装具有行驶记录功能的卫星定位装置。

6）运输危险化学品的车辆不宜采用金属车厢，以防摩擦、震动等引起事故。如必须采用时，应落实可靠的防护措施。

7）运输车辆的拦板应坚实、稳固、可靠，确保在转弯时不会使物品滑动或跌落。危险化学品的装载高度不得超过车辆拦板高度。车厢底板应平整、密实、无缝隙，不致造成液化危险化学品渗漏接触传动轴摩擦起火。

8）运输车辆在盛夏装运危险化学品时，应有遮阳措施或其他防护措施，或限定夜间运输。运送遇湿易燃物品应备有油布等防雨设施。

9）运输剧毒化学品、爆炸品、易制爆危险化学品的，应当配备罐式、厢式专用车辆或者压力容器等专用容器。

10）运输车辆应在车头或明显部位悬挂由公安部门统一规定的带有"危险品"字样的专用黄底黑字信号旗，以明显醒目的标志引起其他车辆的注意。无关人员不得搭乘装有易燃易爆或剧毒化学物品的运输工具。

11）罐式专用车辆的罐体应当经质量检验部门检验合格，且罐体载货后总质量与专用车辆核定载质量相匹配。

12）采用槽车运送易燃液体时，槽车顶部应有阻火器和呼吸阀；底部有导除静电的装置；排气管应加防火（星）罩，并宜设在车头位置（易燃液体装卸操作一般在车尾部及侧部）；储槽内应有若干金属板分隔，使罐体具有足够的刚度，并能减少车辆行驶时液体不致剧烈晃动、摩擦而产生静电；车辆的电气点火系统应确保接触良好和完善，防止电气火花引起事故。

13）采用槽车装卸液化石油气时，除槽车储罐应检测、探伤、耐压试验符合有关要求外，罐体上应设有符合安全要求的安全阀、压力表、液位计、过流阀、紧急切断阀、防静电接地链、着火应急灭火器等防火安全设施，并定期检查，使之随时处于完好状。

14）运输爆炸品、强腐蚀性危险货物的罐式专用车辆的罐体容积不得超过 $20m^3$，运输剧毒化学品的罐式专用车辆的罐体容积不得超过 $10m^3$，但符合国家有关标准的罐式集装箱除外。

15）运输车辆应根据所装危险化学品的性质配置相应安全防护、环境保护和消防设施设备，以供急用。通常可在驾驶室内或近旁悬挂 1211、二氧化碳或干粉灭火器。这些灭火器材和防护急救用品应定期进行检查，发现渗漏、破损、变形或重量减轻、筒身摇动有声响等，应立即维修或更换，以确保其随时处于完好状态。

2. 从业人员要求

（1）危化品专用车辆的驾驶人员取得相应机动车驾驶证，年龄不超过 60 周岁。

（2）从事道路危险货物运输的驾驶人员、装卸管理人员、押运人员应当经所在地设区的市级人民政府交通运输主管部门考试合格，并取得相应的从业资格证。从事剧毒化学品、爆炸品道路运输的驾驶人员、装卸管理人员、押运人员，应当经考试合格，取得注明为"剧毒化学品运输"或者"爆炸品运输"类别的从业资格证如图 5-5 所示。

（3）驾驶人员应当随车携带《道路运输证》。驾驶人员或者押运人员应当按照《汽车运输危险货物规则》（JT 617）的要求，随车携带《道路运输危险货物安全卡》。

（4）运输危险货物的驾驶人员、押运人员和装卸管理人员应持证上岗。

（5）从业人员应了解所运危险货物的特性、包装容器的使用特性、防护要求和发生事故时的应急措施，熟练掌握消防器材的使用方法。

（6）运输危险货物应配备押运人员。押运人员应熟悉所运危险货物特性，并负责监管运输全过程。

（7）驾驶人员和押运人员在运输途中应经常检查货物装载情况，发现问题及时采取措施。

（8）驾驶人员不得擅自改变运输作业计划。

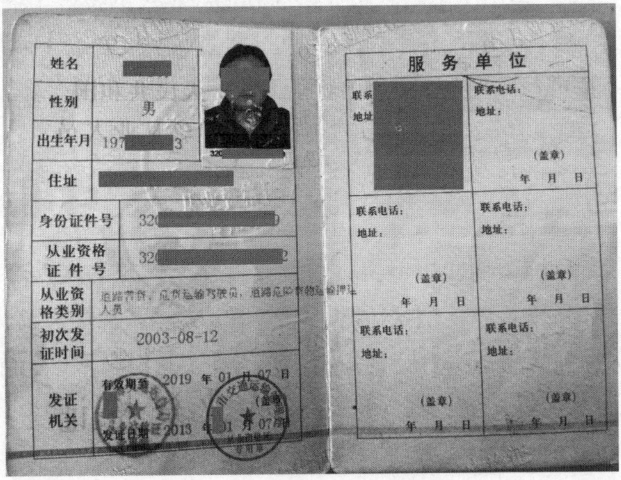

图5-5　危险货物运输从业资格证

三、特种车辆管理

根据国务院《特种设备安全监察条例》，质检总局发布了《增补的特种设备目录》，明确了纳入特种设备的场（厂）内专用机动车辆范围，挖掘机、装载机、铲运机和挖掘装载机等不再属于场（厂）内专用机动车，流动式起重机类别中汽车起重机也不再属于特种设备，各地质监部门不再对此类车辆的作业人员颁发《特种设备操作人员证》。这些车辆按一般车辆资质要求，但驾驶或操作人员需经专门培训机构培训合格后核发相关操作证方可进行操作。

目前，电力企业承包商所用的特种车辆一般为场（厂）内专用机动车辆类别中的叉车、搬运车、牵引车、推顶车、观光车和流动式起重机类别中的轮胎起重机、履带式起重机、集装箱正面吊运起重机、铁路起重机。

特种车辆管理应满足以下要求：

（1）特种车辆使用单位应当使用取得许可生产并经检验合格的特种设备。禁止使用国家明令淘汰和已经报废的特种车辆。

（2）特种车辆使用单位应当在投入使用前或者投入使用后 30 日内，向负责特种设备安全监督管理的部门办理使用登记，取得使用登记证书。登记标志应当置于该特种设备的显著位置。

（3）特种车辆使用单位应当建立岗位责任、隐患治理、应急救援等安全管理制度，制定操作规程，保证特种车辆安全运行。

（4）特种车辆使用单位应当建立特种车辆安全技术档案。安全技术档案应当包括以下内容：

1）设计文件、产品质量合格证明、安装及使用维护保养说明、监督检验证明等相关技术资料和文件；

2）定期检验和定期自行检查记录；

3）日常使用状况记录；

4）车辆及其附属仪器、仪表的维护保养记录；

5）故障和事故记录。

（5）特种车辆在检验合格有效期届满前一个月向特种设备检验机构提出定期检验要求。特种设备检验机构接到定期检验要求后，应当按照安全技术规范的要求及时进行安全性能检验。特种车辆使用单位应当将定期检验标志（如图 5-6 所示）置于该车辆的显著位置。未经定期检验或者检验不合格的特种设备，不得继续使用。

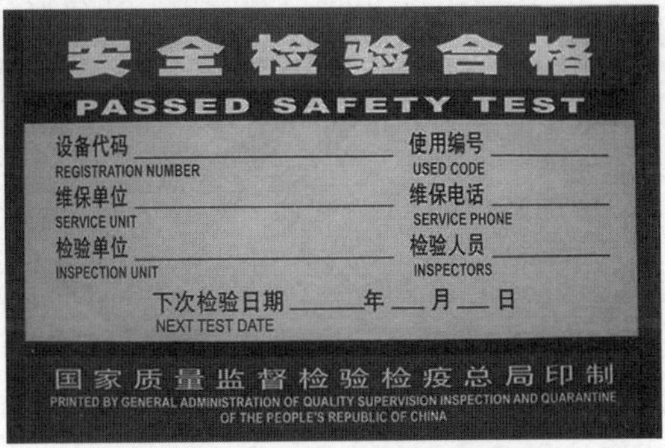

图 5-6　特种设备安全检验合格证

第二节　车辆进出管理

一、通用管理

（1）承包商进入厂区的机动车辆（含租赁车辆）必须有相关国家机关颁发的牌照和检验证明，并在办理车辆出入证件后方可在厂区行驶。

（2）承包商机动车驾驶员应按规定取得国家机关颁发、与所驾驶车辆匹配的驾驶证。驾驶员对车辆装载负责，禁止人货混装，违规装载。

（3）电动三轮车、电瓶车、装载机等参照机动车管理，经电力企业车辆管理部门检查及备案。电力企业应对上述车辆的驾驶人员进行准驾授权。

（4）危险化学品运输车辆进入厂区，相关资质及人员资质、车况必须符合要求，按照规定的行驶线路、行驶车速在相关人员引导下进出厂区。

（5）进入厂区的承包商车辆及人员必须遵守甲方的相关管理要求，并按指定的路线行驶，严禁超载、超速、超限。

（6）危险品车辆严禁混装，氧气乙炔等瓶装危险品必须有防震圈和安全帽。散料车辆严禁超高、撒漏，在严密覆盖后方可入厂。

（7）晚5点至次日早9点原则上不准外来车辆和物资出入。因生产需要，必须进出的外来车辆和物资需由相关部门领导电话告知保卫部门值班员。

（8）车辆停放与行驶：

1）所有工程、货运车辆、生产车辆不得在厂前办公区行驶或停放。

2）所有厂内行驶的车辆，必须按照规定停放，严禁在主干道两侧、消火栓附近以及阻碍消防车辆通行的道路上停放，厂区内行驶速度不得超过 15km/h。

（9）运输煤炭、化学品、粉煤灰、石膏、油、液氢等临时进入车辆一律沿固定的路线往返，工作完成后不得在公司逗留。

二、长维承包商车辆进出厂管理

1. 车辆进厂

（1）除工程车、生产必须特种设备车辆、外委单位装载货物用车外，其他车辆不得进厂。

（2）车辆所属单位申请办理外委单位通行证（需准备车辆行驶证、本人驾驶证复印件），需经所属的部门领导签字审批后，到保卫部门办理外委单位通行证。

（3）通行证应放置在车辆挡风玻璃明显位置。

（4）车辆只可以进入生活区，不可以进入生产厂区，车辆应按规定停放在指定的停车区。

2. 车辆出厂

配合接受保卫部门的检查后方可出厂。

三、临时车辆进出管理

1. 临时车辆进厂管理

（1）相关部门人员拨打门卫岗固定电话。

（2）车辆登记，包括：

1）驾驶员提交车辆有效期内行驶证件，填写"车辆出入记录"（见表5-2）。

表 5-2 车辆出入记录

日期	车号	事由	联系部门及姓名	电话	进厂时间	出厂时间	随车人数	司机签名

2）门卫核实证件信息，检查车辆，登记换取厂内机动车辆通行证。

3）生产区门卫岗根据车辆性质及运输物品性质判断车辆是否进入生产区域。

4）进入生产区域的车辆，由管理部门带车人员和驾驶员在生产区域隔离岗再次填写"车辆出入记录"，带车人员随车进入生产区域。

2. 临时车辆离厂管理

离厂手续办理包括：

1）相关承包商提出离厂手续申请。

2）门卫岗核实信息、检查车辆、办理离厂手续。

3）保卫部门归档相关资料。

公司送货车辆需持送货单或合同及行驶证登记换取车辆通行证和行驶路线图，方可进入公司，工作完成后不得在公司停留。

特殊车辆进入需填写"特殊车辆进厂登记表"（见表5-3）。特殊车辆指用于牵引、清障、清扫、起重、装卸、升降、搅拌、挖掘、推土、压路等的各种轮式或履带式专用车辆，或车内装有固定专用仪器设备、从事专业工作、运送危险化学品等车辆。

表 5-3 特殊车辆进厂登记表

单位名称：　　　　　　　　　　　　　　　　　　　　　　　　年　　月　　日

序号	车辆名称	型号／规格	牌照号码	颜色	电话	备注
1						
2						
3						
4						

公司分管领导：　　　　　　部门领导：　　　　保卫处：　　　　经办人：

四、粉煤灰、渣、石膏车辆进出管理

1. 车辆进厂

车辆从指定入厂门进厂，门岗审核行驶证和车辆检验合格证，并确认完好及有效，签字并办理准入证。

按照专用线路、限速（15km/h）行驶到装卸点。中途不得随意停车。行车路线，按照各类物资储存罐区的行驶路线行走。

2. 车辆装卸

（1）粉煤灰运输车。利用灰库现有的安全护栏、安全带滑索安全措施，确保车辆操作人员上下作业安全。作业由管理部门负责监护。

（2）运渣车。货运车辆在脱水仓下方及指定装车区域，进行炉渣装车。装满渣后，经沥水并在指定区域进行车辆覆盖后方可驶离。作业由管理部门负责监护。

（3）石膏运输车。在石膏库内指定区域内进行石膏装载，装载完毕后进行防尘覆盖，由管理部门负责监护。

（4）装车具体要求：

1）严格控制装载量，根据交管部门核准的车辆装载量进行装载。

2）渣、石膏的装载高度不得高于车厢挡板高度，装载高度不得高于车辆四周挡板高度。

3）灰、渣、石膏装车结束后，由运输车辆司机负责将车身及轮胎冲洗干净后方可启运。

4）石膏、渣装载完毕必须用油布等物品将车厢覆盖严密，以免运输途中污染路面。运灰车在装载完毕后必须将顶盖盖严。

5）任何登高作业都需至指定地点挂合格安全带后才能进行操作。

6）灰、渣、石膏装车过程中发生的环境污染，必须及时清扫。

3. 车辆出厂

由指定出厂大门门岗检查无异，收回准入证后，方可出厂。

五、危化品车辆进出管理

1. 车辆进厂

（1）车辆从指定出厂大门进厂，管理部门审核行驶证和车辆检验合格证、驾驶员危运证和驾驶证、押运员押运证，并确认完好及有效，签字并办理准入证。

（2）首次购买的危险化学品，要求供方提供物料安全数据清单（化学品安全技术说明书 MSDS）。

（3）按照专用线路、限速（15km/h）行驶到装卸点。中途不得随意停车。行车路线，按照各类物资储存罐区的行驶路线行走。

2. 车辆装卸

（1）酸碱车：

1）接卸前，危险化学品入厂后，如需取样化验，车辆至指定地点，由指定技术人员进行取样、化验。质量合格开始进行接卸。

2）接卸时，管理部门专人现场监护，卸货地点设置安全警示标志。

3）现场准备应急药品待用。

4）冲眼、喷淋器经试用正常，随时可用。

（2）液氨罐车：

1）接卸点需设置防撞设施、喷淋设施。

2）接卸时，管理部门专人现场监护，卸货地点设置安全警示标志。

3）监护人携带气体泄漏检测仪。

4）接卸时，消防水带冲压随时待用。

5）现场放置适用应急药品。

（3）瓶装运输车：

1）接卸点设置消防器材。

2）接卸时，技术人员现场监护，查瓶罐检验合格证、瓶罐外部、防爆帽、防撞胶圈完好。

3）监护人携带气体泄漏检测仪。

4）现场放置适用应急药品。

5）现场监护人员检查瓶罐摆放规范。

（4）通用要求：

1）搬运人员必须清楚知道搬运危险品的风险及其运输方法，搬运人员必须了解所运载的危险化学品的性质、危害特性、包装容器的使用特性和发生意外的应急措施，操作人员应根据危险性穿戴相应的防护用品。

2）搬运时应轻装轻卸，严禁摔、碰、撞、击、拖、拉、倾倒和滚动。

3. 车辆出厂

由指定大门门岗并检查无异后，收回准入证，方可出厂。

第三节　临时人员进出管理

临时进厂人员包括不进生产现场人员（来访人员）、进生产现场人员（厂家指导）、生产实习人员。临时人员进出管理应做到：

（1）来访人员到公司门卫接待室，自行联系公司被访人，由被访人用公司内部固定电话通知门卫后（现场人员应就近使用内部固定电话），来访人出示身份证通过会客系统采集信息办理会客单和出入证，并进行入厂安健环风险告知，签订《入厂安健环风险告知书》（见附录 D）。

（2）进入生产区临时进厂人员需到相关部门安全员处办理出入生产厂区登记，再次确认安健环风险告知已进行，并且有厂内人员陪同情况下，发放生产厂区出入卡，凭卡进出生产厂区。陪同人员需全程陪同，且临时进厂人员不得参与现场任何生产操作。

（3）生产实习培训人员的证件办理：在公司接受培训 3 个工作日内办理会客证，3 个工作日以上办理培训证。根据安全生产法相关要求，经相关部门三级安全教育合格后，现场管理部门、安全监督管理部审核确认后由保卫部门负责人签字到办证大厅办理培训证。

案例 ////

2017 年 8 月 11 日 14：31，某市机电物资有限公司（物资供应商，中标电厂"槽架等"物资采购项目）员工甲带着另一家公司员工乙、丙一行 3 人，驾驶持有电厂车辆通行证的车辆进入厂区后私自进入煤场，3 人无视现场"禁止跨越"安全警示标识，擅自跨越安全护栏，站在 5A 输煤皮带机皮带上，测量槽架尺寸数据。

14：56，丙因皮带机启动而被拉倒。乙随即用力拉断皮带机的拉线开关，使皮带机停运。此时，丙已被甩落至皮带机对侧地面上。甲、乙扶起丙时发现其头部受伤流血，但意识尚清楚，决定不打 120 急救电话，自行开车送丙就医。

15：04，甲驾驶轿车离开厂区，电厂门口保安人员未对车辆进行检查。

16：10，3 人到达市中心人民医院。20：30 丙因抢救无效宣告死亡。

22：15左右，电厂消防保卫分部经理张某某接到当地派出所咨询电话，询问公司是否有安全事故发生。经了解后，22：23，张某某回复未掌握相关情况。同时，汇报电厂副总经理。副总经理认为必须通知电厂主要领导，并通知相关人员立即返厂了解情况。

23：46左右，消防保卫分部经理张某某再次接到当地派出所电话，告知报案信息：机电物资有限公司1人在输煤皮带受伤，送医院抢救无效死亡。接此信息后，电厂立即核查全厂监控摄像记录、车辆进出及运行值班记录，并向机电物资有限公司负责人甲确认相关信息。

8月12日0：28，汇集初步信息后，立即电话分别向能监局、市安监局值班人员和集团公司汇报。

第六章 离厂阶段的承包商安健环管理

第一节 相关资料的移交和安健环验收

为规范电力建设项目文件档案管理，国家能源局发布了四部电力行业标准，分别为 DL/T 241—2012《火电建设项目文件收集及档案整理规范》、DL/T 1363—2014《电网建设项目文件归档与档案整理规范》、DL/T 1396—2014《水电建设项目文件收集与档案整理规范》、NB/T 32037—2017《光伏发电建设项目文件归档与档案整理规范》。

参建单位的档案工作应在建设单位的统一领导下，对各自承包范围内形成的项目档案的完成、准确、系统和有效利用负责；同步完成各自职责范围内项目档案的收集、整理与归档工作；将形成的竣工文件进行收集、整理，经监理单位审查、建设单位验收后，移交建设单位及本单位档案部门归档。

同时，电力企业组织人员对工程进行联合验收，确保各项施工满足设计要求。涉及安健环的主要包括以下内容：

（1）安健环防护设施按照原状复原，新增的设施是否符合设计要求。

（2）是否遗留安健环隐患，已检查出的安健环隐患是否已治理。

（3）影响安全、健康、环保的污染源、废弃物是否按规范清理完毕。

（4）其他影响安全、健康、环保的内容。

（5）承包商管理部门、安健环部门、负有安健环管理职责的其他部门确定本部门对承包商的安健环考核均已落实。

第二节　承包商离厂

承包商工程竣工申请离厂时，除工程验收合格、与工程相关资料均已交付给甲方外，还应办理完结入厂时获得的一些权利和义务，包括：

（1）交回承包商开展工作办理的三权人证件（工作票负责人证、工作票签发人资质、工作负责人袖标）。

（2）收回施工人员厂区出入证并统一交公司保卫部门销毁。

（3）提供所有施工人员名单信息交信息管理部门，统一删除施工队伍人员信息。

（4）确认施工期间安健环考核均已交清并提供证明材料。

（5）承包商退厂时应办理离厂申请审批手续，填写《承包商离厂申请审批表》（见表6-1），否则不予启动付款流程。

第三节　承包商后评价及黑名单管理

电力企业承包商管理部门、安全监督部门、负有安健环管理职责的其他部门应参与承包商后评价工作。

（1）后评价的评分标准和内容可附在招标文件中进行提前预告知。

（2）建立承包商安健环管理档案，详细记录承包商的安全活动细节，对承包商安健环业绩总结评价。

（3）在合同执行完毕时，合同管理部门应组织完成一份对承包商安健环业绩的后评价报告，并记入承包商档案中，实现经验积累和信息反馈，为以后持续改进和选择承包商提供借鉴和参考。

该报告可同时反馈给承包商。

表 6-1　承包商离厂申请审批表

编号：

单位名称			
项目名称			
合同编号		承包商项目负责人：	
		联系电话：	

（填写机具和人员撤场、资料归档情况。详细目录提供清单）

单位负责人或项目经理：　　　　　年　　月　　日

归口管理部门：
（1）承包商所借图纸、资料、工具等其他物资物品已归还；
（2）现场安健环设施、设备标识标识完好；
（3）工程验收合格，应归档资料已提交。

专业／班组负责人：　　　　　　　　　　部门领导：
　　　　　　年　　月　　日　　　　　　　　　　年　　月　　日

其他相关部门：
（1）承包商施工期间办理的证件已经交回（工作负责人证、袖标、人员出入证）；
（2）承包商人员信息已经删除。

专业／班组负责人：　　　　　　　　　　部门领导：
　　　　　　年　　月　　日　　　　　　　　　　年　　月　　日

安健环部门意见：
承包商施工期间办理的证件已经交回（工作负责人证、袖标）

负责人：
　　　　　　　　　　　　　　　　年　　月　　日

备注：
所有相关部门均应在其他相关部门意见栏签名确认

（4）承包商安健环业绩的后评价报告应以合同文本、安全计划以及双方认同的文本执行结果为重点，兼顾实际行动的符合性和偏离。

（5）应优先选择能够保障安健环工作的承包商承接业务。

（6）应建立承包商管理平台，建立系统内承包商信息共享机制，并实现对承包商安健环绩效进行强制排序。

（7）承包商管理部门应将承包商的安健环历史绩效、安健环管理、质量管理、诚信管理等信息及时收录，所有负有安健环管理职责的部门负责对信息进行核查。

（8）对存在下列行为的承包商可申请列入安健环黑名单信息库：

1）提供虚假营业执照、安全生产许可证、法人授权书、安全历史绩效等主要资质证明材料的；

2）超越经营许可范围的；

3）在合同期内投标人发生一般及以上生产安全事故的；

4）存在转包或违法分包行为的；

5）违规出租、出借或借用挂靠许可资质的；

6）造成招标人严重负面舆情或被政府部门处罚的；

7）法律法规认定的其他违法违规行为。

被列入安健环黑名单的承包商（包括以挂靠方式）由上级公司招标采购管理部门实施限制措施，如部分禁入、全部禁入等。被列入安健环黑名单的承包商如有在集团公司范围内正在履行的合同项目，应立即停工，由项目招标人组织人员参与对其进行安健环管理和履责能力评估，评估为合格的可以将该合同项目履行完毕，评估为不合格的则履行合同终止申请流程。

安健环黑名单的确认程序一般由招标人发起，经公司审查，报上级公司管理部审核、批准。

附 录

附录 A　职业病危害告知书范例

职业病危害告知书

我公司电力生产工作环境中不同区域存职业病危害因素，易诱发职业病。请贵公司在工作中做好职业病防护措施，为员工配备必要的劳动防护用品并要求正确使用，防止职业病发生。具体危害因素、区域、诱发职业病、防护措施等特此告知。

1.粉尘

（1）存在区域：一、二、三期锅炉本体、锅炉炉顶、锅炉送引风机、给煤机、磨煤机、煤样制样间、煤样采样室、煤场、输煤系统、电除尘、脱硫制浆区域、灰库、石膏库、石灰石料仓等。

（2）职业危害：粉尘可引起职业性呼吸系统疾病，长期接触高浓度粉尘可引发尘肺病，如呼吸系统肿瘤、粉尘性炎症等。

（3）防护措施：进入上述区域应佩戴防尘口罩。

2.噪声

（1）存在区域：一、二、三期锅炉送引风机、锅炉炉顶、磨煤机、捞渣机、废水处理泵房、汽机房零米、汽机房 6.3m 层、汽机房 8.6m 层，汽机房 12.6m 层，汽机房 17m 层，汽机房除氧器层、柴油发电机、空压机房、氧化风机、浆液循环泵、循环泵房、给水泵房、中央泵房、生消泵房、供热站等。

（2）职业危害：长期接触强噪声可引起听力下降听力损伤。

（3）防护措施：进入上述区域应佩戴防噪声耳塞。

3. 高温

（1）存在区域：一、二、三期锅炉本体、锅炉炉顶、磨煤机、汽机房零米、汽机房 6.3m 层、汽机房 8.6m 层，汽机房 12.6m 层，汽机房 17m 层，汽机房除氧器层、供热站等区域存在高温危害。

（2）职业危害：高温环境工作易引起中暑、热射病、日射病、热痉挛和热衰竭。

（3）防护措施：配置防暑降温休息室，配备足够的防暑绿豆汤、酸梅汤和苦瓜汤等，避免长时间停留。

4. 二氧化硫

（1）存在区域：一、二、三期电除尘本体、脱硫吸收塔本体、烟囱本体、锅炉烟道本体。

（2）职业危害：易被湿润的黏膜表面吸收生成亚硫酸、硫酸，对眼及呼吸道黏膜有强烈的刺激作用。大量吸入可引起肺水肿、喉水肿、声带痉挛而致窒息。长期低浓度接触，可有头痛、头昏、乏力等全身症状以及慢性鼻炎、咽喉炎、支气管炎、嗅觉及味觉减退等。

（3）防护措施：进入上述区域作业时，应预先通风，并佩戴防毒面具。

5. 氨

（1）存在区域：在我公司一、二、三期炉内配药间、氨站、一、二、三期锅炉脱硝层。

（2）职业危害：作用于呼吸系统，对黏膜有刺激和腐蚀作用。低浓度时可使眼结膜、鼻咽部、呼吸道黏膜充血、水肿等。高浓度时氨损伤肺泡毛细血管管壁，使其扩张和渗透性增强，破坏肺泡表面活性物质，肺间质和肺泡产生大量渗出物，形成肺水肿。同时支气管、毛细支气管亦充血、水肿、痉挛。

（3）防护措施：进入上述区域佩戴戴防护口罩，必要时穿防化服。

6. 盐酸

（1）存在区域：在我公司一、二、三期炉外、精处理、一期预处理、三期净水、全厂工业废水处理站酸碱库。

（2）职业危害：对皮肤、眼及呼吸道黏膜产生腐蚀和刺激作用，高浓度可引起严重的灼伤。其蒸汽或烟雾可引起急性中毒，长期接触可引起牙齿酸蚀症及皮肤损伤。

（3）防护措施：进入上述区域佩戴戴防护口罩，穿防酸服及橡胶手套、橡胶靴。

7. 氢氧化钠

（1）存在区域：在我公司一、二、三期炉外、精处理、一期预处理、三期净水、全厂工业废水处理站酸碱库。

（2）职业危害：刺激眼和和呼吸道，腐蚀鼻中隔，直接接触可引起灼伤；误服可造成消化道灼伤、黏膜糜烂、出血和休克。

（3）防护措施：进入上述区域佩戴戴防护口罩，穿防酸服及橡胶手套、橡胶靴。

8. 二氧化氯

（1）存在区域：在我公司一、三期预处理二氧化氯发生间。

（2）职业危害：氯被吸收后，与湿润的黏膜接触，引起上呼吸道黏膜性肿胀、充血或刺激眼结膜。新生态氧具有强氧化作用，引起脂质过氧化而损害细胞膜。

（3）防护措施：进入上述区域佩戴防护口罩。

9. 工频电场

（1）存在区域：一、二、三期升压站等。

（2）职业危害：长期接触工频电场可能导致神经衰弱和记忆

力减退，操作不当导致触电事故。

（3）防护措施：进入上述区域佩戴防触电工作服、工作手套及绝缘工作鞋。

　　告知部门：　　　　　　　　　被告知人：

　　安全监督管理部门：　　　　　被告知人单位：

　　年　　月　　日　　　　　　　年　　　月　　　日

附录 B　安健环生产管理协议书范例

安健环生产管理协议书

发包单位（甲方）：_____

承包单位（乙方）：_____

甲方将本工程项目发包给乙方。为贯彻落实"安全第一、预防为主、综合治理"的方针，根据国家有关法律法规要求，明确双方的安健环管理责任，签订本协议。

1　承包工程项目

1.1　工程项目名称：_____

1.2　工程地点：_____

2　工程项目合同期限

本工程自_____年__月__日起开工至_____年__月__日完工。

3　协议内容

3.1　总体要求

3.1.1　甲乙双方必须认真贯彻国家、上级主管部门颁发的有关安全、消防、职业健康、环保工作的方针、政策，严格执行有关劳动保护的法律、条例、规定。

3.1.2　甲乙双方都应建立健全安健环管理组织体系、安健环监督体系，健全包括主管领导在内的各级人员安健环责任制。

3.1.3　乙方应有各工种的安全操作规程、安健环考核制度、隐患排查、安全教育培训制度等。

3.1.4　乙方有关领导及安全管理人员应取得地方安全监督管理部门颁发的安全管理资格证，必须认真对本单位的职工进行安全生产和环境保护法规、制度及安全技术和知识教育，增强法制观念，提高职工的安全生产意识和自我保护能力，督促职工自觉遵守安全生产纪律、制度和法规。

3.1.5 乙方应将不低于合同工程款的 2% 用于安健环生产费用投入，并列出安健环投入清单。

3.1.6 乙方施工期间接受甲方相关部门的监督、指导、考核和评价。

3.1.7 乙方承诺在承接甲方项目合同期内的 EHS 管理目标：

（1）不发生人身轻伤及以上事故；

（2）不发生设备事故；

（3）不发生二类及以上障碍；

（4）不发生大型施工机械损坏事故；

（5）不发生火灾事故；

（6）不发生同等责任一般及以上交通事故；

（7）不发生职业健康危害事故；

（8）不发生环境污染事件；

（9）不发生偷盗等影响公司治安稳定事件；

（10）不发生食物中毒事件。

3.2 施工前要求

3.2.1 乙方要认真勘查现场，乙方按照甲方要求编制三措一案（施工组织措施、技术措施、安全措施、施工方案，对于高风险作业还应编制应急预案），并制订有针对性的安全技术措施计划，严格按照施工组织方案和有关安全要求施工。

3.2.2 乙方雇佣的从业人员应身体健康（无高血压、心脏病、贫血、癫痫、眩晕、严重关节炎等），不得有不适宜本承包工程的职业禁忌症。接触职业危害因素或有特殊健康要求的作业人员提供一年内职业健康体检报告，其他人员出具县（区）级或以上医院体检合格证明。所有从业人员体检合格，并将体检合格证明复印件、工伤保险证明材料交甲方审查。不得雇佣童工，非特殊技术性的工作人员年龄不得超过 55 周岁。出具工作人员花名册和身份证明以及作业资质证书等材料交甲方审查。

3.2.3 甲方应对乙方的项目负责人、技术负责人、安全负责人进行 EHS 技术交底，介绍甲方有关安健环生产管理制度、规定和要求，并介绍施工中有关安全、防火、环境保护、职业健康等规章制度及要求。

3.2.4 乙方应针对工作的特点及危险因素对所有施工人员进行安全教育、EHS 技术交底和培训，并经考试合格。甲方对所有人员按其所从事的专业分别组织进行《安规》及甲方安健环管理制度的有关条款的学习，并经考试合格后方可上岗工作。

3.2.5 乙方应根据工程项目内容和特点，对于危险作业（挖掘、脚手架使用拆装、动火、起重、密闭空间作业等），做好安全技术措施交底并全员签名，并留有书面的材料，一式两份，施工单位、用工部门各执一份。

3.2.6 乙方应取得承包范围内特种作业的许可证，如起重机、电梯、厂内机动车、消防设施维修保养许可证等。

3.2.7 乙方应给雇佣的从业人员提供合格的劳动保护、个人防护和必要的防护药品。

3.2.8 乙方根据定置管理要求布置施工现场，做好现场安全隔离和防护，经甲方验收合格。

3.3　施工期间要求

3.3.1 施工期间：

乙方指派_____负责本工程项目的有关安全、防火、环境保护、职业健康等工作，经常组织进行安全检查，预防事故的发生。施工期间不得随意更换作业人员。

甲方指派_____负责联系、检查督促乙方执行有关安全、防火、环境保护、职业健康规定。甲乙双方应经常联系、相互协助检查和处理工程施工有关安健环管理工作，共同预防事故发生。

3.3.2 乙方在施工期间必须严格执行和遵守甲方各项安健环管理规定，并接受甲方的监督、检查和指导。对于乙方违反安全生产规定、制度的情况以及现场检查发现的隐患，乙方应按甲方要求进行整改。

3.3.3 乙方在每天施工前，应根据工作任务，对参与施工的作业人员进行安全技术交底。

3.3.4 乙方应配备满足现场需要且合格的安全防护用品，并督促现场作业人员穿戴使用。

3.3.5 特种作业人员必须执行国家《特种作业人员安全技术培训考核管理规定》，经省、市、地区的特种作业安全技术考核机构培训考核后持证上岗。

3.3.6 乙方在施工中，应注意地下管线及高压架空线路的保护。甲方应对地下管线和障碍物详细交底。乙方应贯彻交底要求，如遇情况，应及时向甲方和有关部门联系，采取保护措施。

3.3.7 乙方所用施工机械、安全工器具及安全防护设施、安全用具应符合安全要求，满足施工需要。乙方在开工前对施工机械、工器具及安全防护设施、安全用具进行检查检验，张贴合格证。乙方所使用的特种设备必须经具备资质的质检单位检验合格，并张贴合格证。

3.3.8 扬尘施工和运输应满足下列要求：

（1）乙方应做好施工现场扬尘污染防治工作，并制定具体的扬尘污染防治措施。

（2）运输施工垃圾、土方、灰渣等散装、流体物料的车辆应当采取密闭或者其他措施防止物料遗撒造成扬尘污染，并按照规定路线行驶。

3.3.9 乙方应严格按甲方要求做好各种油类的储存、搬运及回收管理，严禁污染环境。

3.3.10 乙方做好安全文明施工，现场管理达到"5S"标准，整洁有序。

4 责任

4.1 贯彻"先订合同后施工"和"谁施工，谁负责"的原则。

4.2 乙方企业、人员资质应符合《安全生产法》等法律法规的要求，甲方应对乙方的安全资质进行审查。

4.3 甲方应审核乙方工作票"三种人"资格，并公布名单。

4.4 甲方有权对乙方人员的安全教育和安全规程学习考试情况进行审查。

4.5 甲方负责协调解决厂区范围内所涉及的第三方的工作。

4.6 双方对于施工区域、作业环境、操作设施设备、工器具等必须认真检查，发现隐患，立即停止施工，落实整改后方准施工。一经施工，就表示施工单位确认施工区域、作业环境、操作设施设备、工器具等符合安全要求和处于安全状态。施工单位对于施工过程中由于上述因素不良而导致的事故后果负全责。

4.7 乙方人员对于施工现场脚手架、各类安全防护设施、安全标志和警告牌不准擅自拆除、变更。如确有需要拆除变动的，必须经工地施工负责人和甲乙双方指派的安全管理人员的同意，并采取必要、可靠的安全措施后方可拆除。任何一方人员擅自拆除所造成的后果，均由该方人员及其单位负责。

4.8 在危险区域内作业时甲方配合乙方做好相关的 EHS 措施，并监督实施。

4.9 甲方有权制止乙方人员的违章作业，并视情节对乙方给予处罚。对严重威胁安全生产的人员有权停止其工作并清除出厂。

4.10 乙方所有作业均应在规定的区域内完成，未经甲方批准不得进入其他区域。

4.11 乙方遵守甲方有关安全文明生产规章制度，接受甲方的 EHS 监督检查，对检查意见和存在的问题应及时整改。

4.12 乙方使用电气设备前应先进行检测，并做好检测记录，使用检修电源应经甲方批准，严禁擅自乱拉电气线路和违规使用电气设备。

4.13 乙方在整个施工过程中，必须保证现场规范、整洁，设备、设施见本色，若对设备、设施造成损坏应照价赔偿。

4.14 在乙方施工现场存在较大安全隐患或出现紧急安全事件的情况下，甲方有权下令立即停工，乙方必须采取有效措施，待问题得到彻底整改并征得甲方同意后方可恢复施工，停工期间的所有损失由乙方承担。

4.15 乙方人员在工作中因违章作业、违章指挥、违反劳动纪律等原因造成人员伤亡、设备损坏或火灾事故，责任由乙方承担，并应赔偿对甲方造成的全部直接经济损失，甲方有权进行事故调查，并对乙方按规定进行处罚。乙方负责处理事故善后事宜。在抢救伤员时，甲方应尽力提供方便。

4.16 乙方施工中必须制定严密的措施防止环境污染和职业病。

5 奖罚

5.1 安全保证金的奖罚：乙方施工终结项目验收合格，未发生事故、不安全事件和违章行为，全额退还安全保证金。

5.2　因乙方人员责任发生如下事件时，按以下标准处罚：

5.2.1　发生安健环事故时，扣除全部安健环保证金，并按照国家法律法规进行赔偿、处罚。

5.2.2　发生其他安健环事件，按公司相关制度进行处罚，并对造成损失进行赔偿。

5.2.3　其他违章行为按项目公司相关管理制度进行考核。

5.3　甲方确认乙方的安健环生产费用投入低于合同款的 2% 时，对不足部分从安健环保证金或工程款中扣除。

6　事故处理

6.1　施工现场发生人身伤亡事故、火灾事故、环境保护事故等各类安健环事故，乙方应立即报告甲方，保护事故现场，同时采取必要的应急措施，防止事故扩大。

6.2　对发生的设备损坏事故，除国家已有规定的以外，由甲乙双方共同进行调查，必要时可请上级主管部门或专业机构鉴定。

6.3　发生人身伤亡事故、火灾事故、环境保护等各种安健环事故，甲乙双方应按国务院《生产安全事故报告和调查处理条例》的规定，分别进行统计上报，对甲方所在地政府部门的事故报告由甲方负责。

7　其他

7.1　本协议经订立协议单位双方签字、盖章有效，与技术协议或合同同时签订，作为工程（商务）合同正本的附件。本协议一式三份，甲乙双方各持一份，另甲方安全监督部门持一份。

7.2　本协议甲乙双方必须严格执行，由于违反本协议造成的安健环事故事件，由违约方承担一切经济损失。

7.3　如乙方严重违反本协议安健环规定，甲方有权立即终止本协议以及相应长期协议，并且不承担任何责任。

7.4 乙方在签订本协议的同时签订安健环承诺书，具体内容作为本协议不可分割的一部分，必须得到完全响应。

7.5 本协议适用于协议签订的双方。如遇有与国家和地方法规不符者按照国家和地方法规执行。

甲方：   乙方：

单位名称_____（盖章） 单位名称_____（盖章）

单位代表人_____（签字） 单位代表人_____（签字）

地址_____   地址_____

电话_____   电话_____

附录 C 交叉作业安全协议书范例

交叉作业安全协议书

为明确乙方各家单位在_____（以下简称"甲方"）范围内同一作业区域内进行作业的各方的安全管理职责和应当采取的安全措施，防范安全事故发生，保障各方人身和财产安全，依据《中华人民共和国安全生产法》等法律法规和甲方相关外包工程安全管理标准等规章制度的规定，各方在平等自愿、协商一致的基础上，签订《交叉作业安全协议书》（以下简称"本协议书"）。

1 词语定义

1.1 甲方：_____。

1.2 乙方：指与甲方签订了合同的、拟在甲方属地上的同一作业区域进行作业的单位。

1.3 甲方、乙方人员：指甲方、乙方通过合同或其他方式聘用的所有人员，包括相应方和相应方的每个分包商、服务商、供货商的职员、工人和其他雇员、顾问、代理人，以及所有帮助相应方完成所涉及交叉作业的其他人员。

1.4 交叉作业：指两个以上生产经营单位在同一作业区域内（包括同一工作面或同一立体空间范围内）进行的、可能对对方造成危害、不良影响或对对方作业人员造成伤害的作业，包括立体交叉作业和平面交叉作业。

2 交叉作业区域、交叉作业类型、交叉作业内容

2.1 交叉作业区域：_____区域。

2.2 交叉作业期间将出现以下第_____类交叉作业类型：

（1）A类交叉作业：不同作业单位在相同或相近轴线不同标

高处的进行不同项目的作业（即立体交叉作业）。

（2）B类交叉作业：不同作业单位在同一作业区域进行不同项目的作业（即平面交叉作业）。

2.3 交叉作业期间将出现以下作业内容：

（1）设备（结构）安装；

（2）设备（设施）检修；

（3）起重吊装；

（4）高处作业；

（5）脚手架搭设拆除；

（6）焊接作业；

（7）动火作业；

（8）动土作业；

（9）施工用电；

（10）材料运输。

3 安全目标及基本要求

3.1 当事人进行交叉作业的安全目标为"零伤亡、零事故、零污染、零职业病"。

3.2 安全基本要求：

（1）乙方均应遵守本协议书的约定，按本协议书的约定履行其对甲方的安全生产承诺，服从甲方所指派的安全监督管理人员的安全检查与协调。

（2）乙方在交叉作业过程中均应认真执行安全生产规范性文件的规定，贯彻落实"安全第一，预防为主，综合治理"的安全生产方针。

（3）乙方应互相理解，互相配合，建立联系机制，在交叉作业实施前及时告知对方，做好现场安全事项交底，及时解决可能发生的安全问题，并尽可能为对方创造安全工作条件和作业环境。

4 交叉作业过程中可能存在的危险、危害

4.1 乙方明确：两个以上作业活动在同一作业区域内进行作业，因作业空间受限制、人员多、工序多、机械设备使用工序复杂、物料现场转移（存放）增多、通信不畅等因素影响，交叉作业较一般作业干扰多、需要配合协调事项多、现场隐患多，因交叉作业而可能发生的危险、危害包括高处坠落、物体打击、机械伤害、起重伤害、车辆伤害、触电、火灾、淹溺等。同时，还有可能发生本协议书当中所述的危险、危害。

4.2 乙方中任何一方均应在其作业过程中采取有效的安全控制措施（包括预防措施），消除上述可能存在的危险、危害，防止发生事故，并使自身免受上述可能存在的危险、危害的损害。

5 交叉作业现场安全人员责任

5.1 交叉作业安全进行的关键是作业人员之间的协调和联系，各方均应指定人员负责本单位作业安全以及同另一方在安全方面的协调工作。甲方指定的项目负责人为甲方履行本协议过程中的安全第一责任人，负责协调、处理交叉作业过程中的具体安全事项；乙方指定的现场负责人为乙方履行本协议过程中的安全第一责任人，乙方指定的安全员负责协调、处理交叉作业过程中的具体安全事项。

各方指定的安全责任人通讯录见附件1。

5.2 乙方安全员负责相互联系、协调作业现场的安全管理、工作程序等具体事项。一方拟开展交叉作业项目的实际作业前，必须联系另一方的安全员，做好交叉作业人员之间的协调工作，通知对方做好各自安全防护，明确双方应采取的防范措施与配合要求。

5.3 《交叉作业告知单》等涉及交叉作业的事项处理过程的书面文件须经对方上述指定的区域安全负责人签收方视为送达。

5.4 乙方均应配备足够数量的安全管理人员、现场危险作业监护人、防火主要负责人和专业人员。这些人员应与其所拟进行的具体交叉作业项目的规模相适应、符合现场实际情况并满足甲方要求。

5.5 乙方前述指派或配备的人员应对作业区域内的安全生产状况进行检查，对检查中发现的有可能涉及对方的安全问题应及时进行协调、解决，对交叉作业涉及的每一工作环节进行安全确认。

6 交叉作业的处理约定

6.1 出现需交叉作业情形时，一方应及时告知对方。

6.1.1 必须交叉作业且交叉作业区域为一方责任区域而另一方需要进入该区域进行作业的，作业一方须至少提前一个日历日以书面的《交叉作业告知单》（附件2）向作业区域责任方告知。《交叉作业告知单》作业方、作业区域其他单位、甲方各执一份。作业一方应在《交叉作业告知单》中应明确告知以下事项：作业事项（必须进行告知的作业事项有包括设备检修或安装、土方开挖、起重吊装、高处作业、脚手架搭设拆除、焊接或动火作业、生产检修用电、材料运输通过等）、时间、人数、动用设备、作业区域范围、作业场所存在的危险因素、作业采取的安全技术措施，以及需要对方配合事项、防范措施、事故应急措施等。《交叉作业告知单》经作业区域其他单位签字同意后，作业一方可进行相应作业。

6.1.2 上述负有告知义务的一方应在交叉作业前根据作业性质、特点及施工作业环境条件，制定和组织落实专项的交叉作业安全技术措施，安全技术措施应当符合甲方规定的标准。

6.2　乙方均应指派具有与作业事项资格要求相符的人员实施具体的交叉作业事项。双方都应在作业事前对实际作业人员进行交叉作业安全防护教育培训，进行安全技术交底，提高作业人员自我保护意识、预防事故发生的应急措施和综合应变能力，并要求作业人员严格执行所作业行为所应遵守的安全作业操作规程、佩戴符合安全作业要求的劳动保护和安全防护装备、佩戴上岗证，作业后清理现场、消灭火源，并向作业人员明确严禁在对方的警戒区内行走，做好其自我防范。

6.3　在同一作业区域内应尽量避免交叉作业。在无法避免交叉作业时，应尽量避免立体交叉作业。

6.4　交叉作业现场管理要求：

6.4.1　乙方对各自的作业区域设置警戒标识，有危险的作业区域（如设备的运转区和高压区、防触电区、易燃易爆区、开挖沟池区等危险区域）的出入口处应设围栏或悬挂警告牌，必要时派专人进行监护。一方人员严禁进入对方设置了警戒标识或警告牌的区域。

6.4.2　交叉作业前，乙方应进行必要的安全交底，使作业人员了解各自及对方的作业范围、作业程序、交叉作业的安全措施、人员配合的问题、危险点的情况及其他安全注意事项。乙方对涉及交叉作业的安全措施落实情况进行互相监督，各乙方单位之间共同做好交叉作业区域内安全工作，及时发现问题、及时处理解决，消除事故隐患。

6.4.3　后行一方的作业人员应注意避让先行作业一方人员。在夜间和光线不足的地方禁止进行交叉作业。

6.4.4　立体交叉作业的处理约定：

（1）乙方在进行上下立体交叉作业时不得在上下贯通同一垂直面上作业（即下层的作业位置必须在上层高度可能坠落的范围半径之外）。

（2）当出现下层作业位置必须在上层高度可能坠落的范围半径之内时，乙方必须遵守以下约定：

a. 后行作业一方应在上下作业层之间设置隔离层。隔离层应采用木脚手板或其他坚固材料搭设，必须保证上层作业面坠落的物体不能击穿此隔离层。隔离层的搭设、支护应牢靠，在外力突然作用时不至于垮塌，且其高度不影响下层作业的高度范围。

b. 各交叉作业层的作业人员必须戴好安全帽，扣紧帽绳，存在高处坠落危险的人员应系好安全带。

c. 各层作业人员必须精力集中，各层的指挥号令不能相互影响，造成混淆，作业人员应随时保持警惕，对意外情况应能及时做出判断和反应。

d. 上层作业时，不能随意向下方丢弃杂物、构件，应在集中的地方堆放杂物，并及时清运处理，作业人员应随身携带物料袋，以便零散物件随身带走。

e. 上层有起重作业时，起吊物件必须绑扎固定，必要时以绳索予以固定牵引，防止随风摇摆，碰撞其他固定构件。严格遵守起重作业操作规程，起重物件严禁越过下层作业人员头顶。

f. 立体交叉作业过程中各方均应指派专职安全管理人员负责现场监督，统一协调指挥，杜绝违章作业、冒险作业等情况发生。

g. 禁止任何一方下层作业人员在防护栏杆、平台等构件的下方休息、逗留。

h. 当立体交叉作业过程中出现模板拆除、脚手架拆除等作业时，负责拆除一方应该对危险作业范围进行围圈，并严格限制非作业人员进入现场。

i. 遇到6级以上大风、雨雪天气、浓雾、能见度不良等情况时，严禁进行立体交叉作业。

6.4.5 乙方应自觉保障交叉作业场所的作业道路、消防通道畅通，不得随意占道。凡因作业需要进行交通封闭或管制的，一方须报经甲方审批同意后通知对方。

6.4.6 乙方何一方车辆进入共同作业区域，须减速慢行，并按交叉区域责任方指派人员的指挥停放。需通过共同作业区域运输超宽、超长物资时，运输一方须在《交叉作业告知单》中向对方告知运行路线，确认影响区域和范围，采取防范措施（警示标识、引导人员监护）。各方的高空作业车、汽车吊在交叉作业区域或高压线线附近作业时，相互之间必须保持可靠的安全距离，操作时须缓慢，严禁大幅度运行作业。

6.4.7 乙方在交叉区域内进行起重吊装作业时，应充分考虑对各方工作的安全影响，制定起重吊装方案和安全措施。起重作业方指派专业人员负责统一指挥，检查现场安全和措施符合要求后，方可进行起重吊装作业。指挥人员站位应便于指挥和瞭望，不得与起吊路线交叉，作业人员与被吊物体必须保持有效的安全距离。索具与吊物应捆绑牢固、采取防滑措施，吊钩应有安全装置；吊装作业前，吊装指挥人通知有关人员撤离，确认吊物下方及吊物行走路线范围无人员及障碍物，方可起吊。与吊装作业无关的人员不准进入作业现场，吊物运行路线下方所有人员应无条件撤离。

6.4.8 乙方在交叉作业区域内进行焊接（动火）作业时，作业一方必须事先通知对方做好防护，并配备合格的消防灭火器材，消除现场易燃易爆物品。无法清除易燃物品时，应与焊接（动火）作业保持适当的安全距离，并采取隔离和防护措施。上方动火作业（焊接、切割）应注意下方有无人员、易燃、可燃物质，并做好防护措施，遮挡落下焊渣，防止引发生火灾。焊接（动火）作业结束后，作业一方必须及时、彻底清理焊接（动火）现场，不留安全隐患，防止焊接火花死灰复燃，酿成火灾。

6.4.9　乙方在交叉作业区域的施工用电应各自安装用电线路，做好接地（零）和漏电保护措施，防止触电事故的发生。各方必须做好用电线路隔离和绝缘工作，互不干扰。敷设的线路必须通过对方工作面，应事先征得对方同意；同时，应经常对用电设备和线路进行检查维护，发现问题及时处理。

6.4.10　乙方在交叉作业区域进行土石方开挖时，作业一方必须做好施工现场的防护，设置安全警示标志，不准堵塞作业通道，确保畅通，弃渣堆放应安全可靠（必须有防石头滚落措施，如防护网、挡渣墙、滚石沟等）。在完成开挖作业后，作业一方应做好土方回填并通知交叉作业区域的责任方。

6.4.11　任何一方在交叉作业区域搭设脚手架时或未检验合格的，另一方作业人员不得进入搭架范围。脚手架搭设材料的摆放必须按甲方的摆放要求进行堆放，以保证堆放的稳定性。任何一方人员均严禁在堆放物的脚手架、T排旁休息，防止倒塌伤人。任何一方进行脚手架拆除时，下方不得有其他操作人员。

6.4.12　乙方交叉作业时各方的工具、材料、边角余料等严禁上下投掷，应用工具袋、箩筐或吊笼等吊运。

6.4.13　乙方为交叉作业防护而设置的隔离层、孔洞盖板、栏杆、安全网等安全防护设施严禁任意拆除。必须拆除时，拆除方应征得原搭设一方的同意，在作业完毕后立即恢复原状并经原搭设一方验收。

6.4.14　乙方对各自的施工区域进行治安保卫工作，不得随意动用对方的设备、施工机具、材料等。双方在作业时要做好各方的成品保护工作。

6.4.15　乙方单位均应保持其作业过程涉及的现场文明整洁，材料堆放整齐、稳固、安全可靠（必须有防垮塌，防滑、滚落措施），各方要做好其作业过程涉及范围的环境保护工作，由此产生的生产、生活垃圾由相应作业方按甲方要求进行处理。

6.4.16　其他根据交叉作业风险分析确定需向对方事前明确的交叉作业处理事项，由需告知方另行书面通知对方。

6.5　乙方当作业过程中发生冲突和影响作业时，各方应先停止作业，保护相关方财产、周边建筑物及水、电、气、管道等设施的安全，并由各自的安全责任人进行协商处理。

6.6　乙方在交叉作业前或交叉作业时无法协调一致，应在无法达成一致意见的当天报请甲方协调解决。

7　事故应急救援、事故调查与处理

7.1　乙方均应制定交叉作业事故应急救援预案，建立交叉作业应急救援体系，配备应急救援设备器材，并进行经常性维护、保养，保证正常运转，定期组织进行事故应急救援演练。

7.2　发生事故后，事故现场作业一方人员应当立即报告其安全责任人。该方安全责任人接到事故报告后，应迅速采取有效措施组织抢救，防止事故扩大，减少人员伤亡和财产损失，同时应立即报告甲方并通知本协议约定的其他方，不得拖延。

7.3　发生事故后，乙方均有义务保护事故现场；需要移动现场物品时，应做出标记和书面记录，妥善保管有关证据。

7.4 出现事故的一方负责组织事故抢救工作，另一方应积极及时响应抢险工作，配合事故抢救，提供可以提供的便利条件，不得以任何理由推托应付。

7.5 如出现故事一方不具备组织事故抢救能力时，相关方单位应当立即提请甲方组织事故抢救。

7.6 乙方均不得以未明确事故责任方为由推诿事故抢救进度。

7.7 发生事故须进行消防时，出现事故一方应立即通知消防单位，并先行支付相关费用，对于未及时通知消防导致事故扩大的，无论事故责任归属何方，出现事故一方应就扩大的损失部分承担安全责任。

7.8 根据"谁的人员谁负责"的原则，当发生作业人员伤亡事件时，无论事故责任归属于何方、无论由哪方组织事故抢救工作，乙方应负责及时垫付、缴纳、结清其所雇佣的伤亡作业人员的全部治疗及相关费用。同时，乙方人员因工伤亡事故的善后处理工作均由对应方负责（包括及时为其员工申办工伤认定以及在工伤认定后，承担《工伤保险条例》当中所规定的应由用人单位承担的费用）。

如伤亡人员为任何一方人员，相关方单位必须指定专人处理相关事故事宜并应按上述约定对业务方人员的善后处理及相关费用的支付承担连带责任。

7.9 事故抢救工作结束后，发生作业事故一方应在3日内向甲方提交事故原因分析和事故处理报告。如作业事故涉及交叉作业多方的，相关方同时向甲方提交事故分析和事故处理报告。

7.10 乙方单位同意由甲方负责按照其内部规章制度明确的事故调查有关规定进行事故调查和责任认定。事故责任方应根据甲方出具的责任认定结果承担以下费用：事故应急抢救费用、因安抚员工而需支付的非雇主责任部分费用及因事故导致的财产、经济损失等费用等。

7.11 在事故发生和处理过程中，任何一方及其人员均不得擅自对外发布消息。

8 安全责任划分

8.1 A 类交叉作业中，上部作业一方为责任方，其施工作业人员应为下部作业人员提供可靠的安全隔离防护措施，确保下部作业人员的安全，下部作业人员在隔离设施未完善之前不得作业。

B 类交叉作业，由乙方单位对交叉作业内容做明确的安全交底，明确各方责任、安全责任区。乙方单位对各自作业涉及的完整流程、范围的安全责任负责。乙方单位对平面的交叉作业的安全责任划分有争议的，由甲方进行最终确认。乙方均同意接受由甲方做出的安全责任划分结果。

8.2 负有告知义务的一方未按 6.1 款的约定及时、完整地告知对方交叉作业事项，并擅自开工作业并出现事故的，由负有告知义务方承担责任。如因负有告知义务方未尽告知义务导致另一方不得不停工、不得不自行增加防护措施或出现其他经济损失的，负有告知义务方还应向对方赔偿由此造成的全部直接经济损失。

在明知负有告知义务方已擅自进行交叉作业的情形下，另一方在交叉作业区域范围内未采取任何防护措施继续作业并出现事故的，由双方共同承担责任。

8.3 乙方单位应确认其为履行本协议约定而搭设保隔离设施或其他安全设施的完整、可靠性。如因前述设施缺陷而导致人身伤亡事故及设备、设施、料具损坏的，由设施提供方承担责任。但是，如另一方存在上述 8.1、8.2、8.3 款约定的应承担责任情况的，双方对因前述原因而出现的事故承担连带责任。

8.4 乙方单位任何一方违反本协议约定的、应承担的义务，给对方造成损失的，一方应赔偿对方的直接经济损失。但是，如另一方存在上述 8.1、8.2、8.3 款约定的应承担责任情况的，双方共同分担因前述原因而发生的直接经济损失。

8.5 乙方单位同意：负有赔偿款义务一方不向对方支付应付款项的，有权要求赔偿的一方可以请求甲方从应付赔偿义务方的款项中直接扣除相应款项，转移支付给要求赔偿一方的账户。

9 争议解决的方式

凡因签订、执行本协议引起的或与本协议有关的任何分歧和争议，甲、乙方都应通过友好协商解决。协商不能达成一致时，甲、乙方均可向交叉作业事项发生地的当地法院提起诉讼。

10 协议效力及其他

10.1 本协议自____年__月__日起生效，至完工为止。如果发生安全事故的，本协议期限延长至事故处理妥当，双方权利义务全部履行完毕为止。

10.2 本协议甲、乙各执一份。

10.3 本协议包括以下附件

10.3.1 附件 1：安全责任人通讯录。

10.3.2 附件 2：交叉作业告知单。

甲方：　　　　　　　　　　　　　乙方：

单位名称：_____（盖章）　　　单位名称：_____（盖章）

单位代表人：＿＿＿＿（签字）　　单位代表人：＿＿＿＿（签字）

地址：＿＿＿＿＿＿＿＿＿　　　地址：＿＿＿＿＿＿＿＿＿

电话：＿＿＿＿＿＿＿＿＿　　　电话：＿＿＿＿＿＿＿＿＿

日期：＿＿＿＿年＿＿月＿＿日　　日期：＿＿＿＿年＿＿月＿＿日

乙方：　　　　　　　　　　　　乙方：

单位名称：＿＿＿＿（盖章）　　单位名称：＿＿＿＿（盖章）

单位代表人：＿＿＿＿（签字）　　单位代表人：＿＿＿＿（签字）

地址：＿＿＿＿＿＿＿＿＿　　　地址：＿＿＿＿＿＿＿＿＿

电话：＿＿＿＿＿＿＿＿＿　　　电话：＿＿＿＿＿＿＿＿＿

日期：＿＿＿＿年＿＿月＿＿日　　日期：＿＿＿＿年＿＿月＿＿日

乙方：　　　　　　　　　　　　乙方：

单位名称：＿＿＿＿（盖章）　　单位名称：＿＿＿＿（盖章）

单位代表人：＿＿＿＿（签字）　　单位代表人：＿＿＿＿（签字）

地址：＿＿＿＿＿＿＿＿＿　　　地址：＿＿＿＿＿＿＿＿＿

电话：＿＿＿＿＿＿＿＿＿　　　电话：＿＿＿＿＿＿＿＿＿

日期：＿＿＿＿年＿＿月＿＿日　　日期：＿＿＿＿年＿＿月＿＿日

附件 1

安全责任人通讯录

单位	项目	职务	姓名	电话

附件 2

交叉作业告知单

作业单位	
作业内容	
作业区域	
作业时间	年　　月　　日至　　年　　月　　日
作业人数	
作业区域负责人及其联系方式	
作业现场安全监护人及其联系方式	

告知内容：

作业区域负责人：

时间：

被告知单位确认意见：

被告知单位现场负责人：

时间：

填单说明：

1. 本告知单由拟进入对方责任区域或后行作业的单位填写。

2. 作业负责人为实际作业时的现场负责人，被告知单位现场负责人为被告单位在交叉作业区域的负责人。

3. 告知内容应包括：作业事项、时间、人数、动用设备、作业区域范围、作业场所存在的危险因素、作业采取的安全技术措施，以及需要对方配合事项、防范措施、事故应急措施等。被告知单位应填写其对作业方的交叉作业告知事项的处理意见及配合事项的落实情况等。

4. 本单一式三份，作业方、被告知方各保留一份，交甲方一份。

附录 D　入厂安健环风险告知书范例

入厂安健环风险告知书

您好，欢迎来到＿＿＿＿＿＿＿＿＿＿＿＿＿＿＿公司：

为了保障您在我公司期间的人身安全和健康，请您认真阅读下列安全风险告知并遵照执行：

（1）入厂前请您持有效证件在会客登记区域办理来访登记手续，接受安健环风险告知后方可入厂。

（2）进入生产作业场所，需有陪同人员全程陪同，需遵守的安全注意事项听从陪同人员的安排。

（3）进入生产作业场所，请穿戴由接待人员统一提供的劳动防护用品，请勿穿裙子、短裤、高跟鞋、露趾凉鞋。

（4）氨站（三级重大危险源）、氢站、油库、危险品库存在中毒、窒息、火灾、爆炸等风险，进入必须得到管理部门的许可；进入时需进行静电释放、登记、不得拍照。

（5）检修现场存在起重伤害风险，来宾不得进入检修现场安全警示围栏内。

（6）来宾在公司期间不得开展或参与生产现场的各类操作性工作。

（7）禁止在生产现场吸烟；禁止携带危险物品（化学、有毒、易燃、易爆）入厂。

（8）如遇火情或突发事件，请跟随我司员工或陪同人员一起疏散到安全地方（紧急集合点）。如遇意外事件，请拨×××××-××××××××（厂内治安）、×××××-××××××××（厂内火警）、×××××-××××××××（厂内医疗）。

到访部门：

被告知人：

时间：　　年　月　日

注：1. 来宾指外来检查、交流、指导、参观，以及驾驶员等不需要开展或参与生产现场
各类操作性工作的入厂人员。
2. 本安健环风险告知书一式两份，一份由来宾本人留存，一份由物业公司统一收集
后报送安全监督部门归档管理。